Histoires courtes pour débutants en arabes : 10 histoires simples en arabe et en français avec une fiche de vocabulaire

ISBN: 9798642072066
Impression : Publication indépendante

القصة 1: الطفولة والمراهقة والصداقة

(جين) و(ميشيل) يعرفان بعضهما منذ الطفولة. جين شقراء وميشيل سمراء. والدة (جين) تُدعى (ميل) ووالدة ميشيل هي فيكتوريا. فيكتوريا وميل أصدقاء **لفترة طويلة**. وجين هي **أفضل صديقة لميشيل**.

كأطفال، يحبون لعب الحجلة / القفز، **ولعب حفلات الشاي، والاختباء والبحث. وغالباً** ما تأخذهم أمهاتهم إلى الحديقة. ميل تحب عمل فطائر الشوكولاته أو **فطيرة التفاح**. جين وميشيل أيضا تحب مشاهدة **الكارتون**. ويحبون مشاهدة "باربي" و **"الأسد الملك"** معًا.

من سن الحادية عشرة ، ويحبون الرياضة كثيرا. فيحبون الذهاب **لركوب الدراجات** ولعب كرة السلة. يحبون **مشاركة الأسرار. كما يقومون بواجباتهم المدرسية** معًا. **المادة المفضلة** لميشيل هي الفرنسية. ومادة (جين) المفضلة هي العلوم.

في المدرسة، (جين) تحصل على **درجات سيئة في الرياضيات. وتأخذ دروساً خصوصية**. جين وميشيل **يقضيان وقتا في الدراسة اكثر من المتعة**. ميشيل تساعد جين على الدراسة. ميل وفيكتوريا **فخوران** بابنتيهما. ولمكافأتهم، يذهبون في أيام العطل مع عائلاتهم.

في المدرسة الابتدائية حتى **المدرسة المتوسطة / الاعدادية**، جين وميشيل كانا أصدقاء **مقربين جدا**.

ولكن في المدرسة الثانوية، اصبحت الفتاتان أقل قربًا. فهم **يكبرون و لم يعودوا مهتمين بنفس الأشياء**. ميشيل تهتم بالكتب **وتركز بشكل كبير على دراستها**. في حين ان جين مهتمة **بالأزياء**، وشعبيتها في **المدرسة الثانوية والأولاد. مع مرور الوقت**، اصبحا مجرد **معارف**.

جين لديها الكثير من الأصدقاء ولديها صديقة مقربة جديدة: ليلي. **صديق (جين) يُدعى** (لوكاس).

ميشيل لديها أيضا **صديقة مقربة** جديدة. اسمها آني. آني أيضا **مولعةً بالقراءة** مثل ميشيل.

بعد ظهر يوم السبت، دعتى ميل وفيكتوريا **بناتهم للذهاب إلى السينما معا**. الفيلم جيد، لكن **(جين) و(ميشيل) بالكاد يتحدثان. فيكتوريا حزينة. ان (جين) و(ميشيل) لم يعودا صديقتين بعد الآن.**
في المنزل، تتحدث فيكتوريا إلى ميشيل:
- **هل تجادلتما أنت وجين؟**
- لا، لماذا؟
- لأنك لم تعودي تتحدثي معها بعد.

- ولكن لا، نحن نتحدث مع بعضنا البعض.

- لكنكما لم تعودا صديقتين.

- ليس لدينا نفس **الإهتمامات**.

- **أدعها إلى المنزل.**

- لا، شكرا.

- ولكن لماذا؟

- أمي، لديها أصدقائها الآن. وأنا أيضاً، لدي صديقتي. **لا يهم** إذا لم نعد أصدقاء.

- حسنا، فهمت.

بعد ظهر أحد الأيام، كانت ميشيل تمشي في الحديقة. فرأت (جين) جالسة على كرسي تبكي

- مرحبا جين، **ما يحدث؟** لماذا تبكي؟

- مرحبا ميشيل. لوكاس وعائلته **انتقلوا** إلى مدينة أخرى. **نحن ننفصل**

- أنا آسفة لك.

- شكرًا لك.

- أين أصدقائك؟

- لا أعرف. إنهم ليسوا هناك.

جين تبتسم لميشيل وتسألها:

- وكيف حالك؟

- أنا بخير شكرا لك. لا تقفي **وحدك** هنا تعالي وتناولي **مشروب معي.**

- **لا شكرا. لا أريد إزعاجك.**

- أنت لا تزعجني. أنا أدعوك.

- طيب، حسنا. شكراً ميشيل أنتِ طيبة جداً.

ذهب الفتاتان إلى المطعم وطلبوا العصير والشيكولاتة. اخبرت (جين) (ميشيل) بمشاكلها. وان ليلي ليست صديقة (جين) المقربة. ولكن ليلي محض استغلالية.

في المساء، شعرت جين بأنها على نحو أفضل. واخبرت أمها عن يومها

لوكاس يغادر وجين تنسى علاقتها معه. بدئا جين وميشيل في **قضاء الوقت معًا.** واصبحت ميل وفيكتوريا سعيدتان.

ذات يوم، **مرضت فيكتوريا.** وكانت جين تساعد ميشيل **في رعاية** فيكتوريا. قامت آني بزيارة فيكتوريا. قدمت ميشيل صديقتها آني لجين. وكانت جين سعيدة بمقابلتها. دعت ميشيل آني لتناول الطعام في المنزل. وافقت (آني) بكل سرور. قامتا جين وميشيل **بإعداد الوجبة.** وتناول الفتيات الثلاث الطعام معًا وقت ظهيرة. كانت الوجبة لذيذة.

بعد ثلاثة أيام، شُفِيت فيكتوريا. و دعت جين ميشيل وآني للذهاب للتسوق. ولكن (آني) رفضت الدعوة. فقد كان لديها واجبات لتنهيها. بينما قبلت ميشيل الدعوة بكل سرور.

اشترى كلا من جين وميشيل **فساتين** واحذية و **سراويل** جديدة. كما اشتروا **قلادة** جميلة لآني. واشترت ميشيل **معطفاً** لوالدتها. واشترت (جين) **سترة** لوالدتها.

قرب نهاية **العام الدراسي**، رسبت **جين في امتحاناتها**. واصبحت **تعيد الصف من البداية**. ندمت جين. وطلبت من (ميشيل) أن تبقى معها. ميشيل تقول لجين أنها لا تزال صديقتها. و تقرر جين عدم **إهمال دراستها** بعد الآن.

اصبحتا جين وميشيل لا تنفصلا تقريبا. وساعدت **ميشيل جين على النجاح في** دراستها. اصبحت جين سعيدة. واخيرا اصبح ميشيل وجين أصدقاء مقربين كما كانا من قبل.

Vocabulaire

الطفولة	Enfance
الصداقة	Amitié
سمراء	Brune
لمدة طويلة	Depuis longtemps
أفضل صديق / صديقة	Meilleur ami/meilleure amie
لعبة القفز	Jouer à la marelle
لعب حفلات الشاي	Jouer à la dînette
الإختباء والبحث	Cache cache
غالبا	Souvent
فطيرة تفاح	Une tarte aux pommes
كارتون	Dessin(s) animé(s)
الاسد الملك	Le roi lion
الذهاب لركوب الدراجات	Faire du vélo
مشاركة الأسرار	Se raconter des secrets
يقومون بواجباتهم المدرسية	Elles font leurs devoirs
الموضوع المفضل	Matière préférée
درجات سيئة	Mauvaises notes
انها تأخذ دروسا خاصة	Elle suit des cours particuliers
جين وميشيل يقضيان وقتًا أطول في الدراسة أكثر من قضاء وقت ممتع	Jane et Michelle passent plus de temps à étudier qu'à s'amuser
هم فخورين ب	Sont fières de
المدرسة المتوسطة	Collège
أصدقاء مقربين جدا	Comme les deux doigts de la main
مراهق / مراهقة	Adolescent(s)/adolescente(s)
اقل قرابة	Moins proches
يكبرون	Elles grandissent (grandir)
لم يعودوا مهتمين بنفس الشيء	Elles ne s'intéressent plus aux mêmes choses
يركز / تركز	Concentré/concentrée

دراسات	Etudes
موضة	La mode
المدرسة الثانوية	Lycée
بعد فوات الوقت	Au fil du temps
مجرد معرفة	Simples connaissances
صديق	Petit ami
صديق مقرب / صديقة مقربة	Ami proche/amie proche
مولع /مولعة بالقراءة	Féru de lecture/férue de lecture
ابنة/ بنات	Fille(s)
جين وميشيل بالكاد يتكلمان	Jane et Michelle se parlent à peine
حزين	Triste
جين وميشيل لم يعودا أصدقاء	Jane et Michelle ne sont plus amies
هل تجادلتما؟	Vous vous êtes disputé(e)s ?
الإهتمامات	Centres d'intérêt
ادعها إلى منزلنا	Invite la à la maison
لا يهم	Ce n'est pas grave
ما الذي يجري؟	Qu'est ce qui se passe ?
للانتقال	Déménager
نحن ننفصل	Nous nous séparons
وحده / وحدها	Seul/seule
تناول مشروب معي	Viens prendre un verre avec moi
لا أريد أن أزعجك	Je ne veux pas te déranger
يقضيان الوقت معا	Passer du temps ensemble
مرضت فيكتوريا	Victoria tombe malade
للاعتناء ب...	Prendre soin de…
تحضير الوجبة	Préparer le repas
بعد ثلاثة ايام	Trois jours plus tard
شُفيت	Guéri
لشراء	Acheter
فساتين	Robes

أحذية	Chaussures
سروال	Pantalons
قلادة	Collier
معطف	Manteau
سترة	Blouson
العام الدراسي	Année scolaire
رسبت جين في امتحاناتها	Jane échoue ses examens
هي تقوم باعادة سنتها الاولى	Elle redouble sa classe de première
إهمال دراستها	Négliger ses études
ميشيل تساعد جين على النجاح في دراستها	Michelle aide Jane à réussir dans ses études

Histoire 1 : Enfance, adolescence et amitié

Jane et Michelle se connaissent depuis leur enfance. Jane est blonde et Michelle est **brune**. La mère de Jane s'appelle Mel. La mère de Michelle s'appelle Victoria. Victoria et Mel sont aussi amies **depuis longtemps**. Jane est la **meilleure amie** de Michelle.

Enfants, elles aiment **jouer à la marelle, jouer à la dînette** et à **cache-cache**. Leurs mères les emmènent **souvent** au parc. Mel adore leur préparer des crêpes au chocolat ou **une tarte aux pommes**. Jane et Michelle aiment aussi regarder des **dessins animés**. Elles adorent regarder « Barbie » et « **Le roi lion** » ensemble.

A partir de de onze ans, elles aiment beaucoup le sport. Elles adorent **faire du vélo** et jouer au basketball. Elles adorent **se raconter des secrets. Elles font leurs devoirs** ensemble. La **matière préférée** de Michelle est le français. La matière préférée de Jane est la science.

A l'école, Jane a de **mauvaises notes** en mathématiques. **Elle suit des cours particuliers. Jane et Michelle passent plus de temps à étudier qu'à s'amuser.** Michelle aide Jane à étudier. Mel et Victoria **sont fières de** leurs filles. Pour les remercier, elles partent en vacances ensemble avec leurs familles.

En classe de primaire jusqu'au **collège**, Jane et Michelle sont **comme les deux doigts de la main**.

Mais au lycée, les deux jeunes filles sont **moins proches**. Elles **grandissent** et **ne s'intéressent plus** aux **mêmes choses**. Michelle s'intéresse aux livres et est très **concentrée** sur ses **études**. Jane s'intéresse à **la mode**, la popularité au **lycée** et les garçons. **Au fil du temps**, elles deviennent de **simples connaissances**.

Jane a beaucoup d'amis et a une nouvelle meilleure amie : Lilly. Le **petit ami** de Jane s'appelle Lucas.

Michelle a aussi une nouvelle **amie proche**. Elle s'appelle Annie. Annie est aussi **férue de lecture** comme Michelle.

Un samedi après-midi, Mel et Victoria invitent leurs **filles** à aller ensemble au cinéma. Le film est bon mais **Jane et Michelle se parlent à peine**. Victoria est **triste. Jane et Michelle ne sont plus amies**

A la maison, Victoria parle à Michelle :

- Toi et Jane, **vous vous êtes disputées** ?
- Non, pourquoi ?

- Vous ne vous parlez plus.
- Mais non, nous nous parlons.
- Mais vous n'êtes plus amies.
- Nous n'avons pas les mêmes **centres d'intérêt**.
- **Invite-la à la maison.**
- Non, merci.
- Mais pourquoi ?
- Maman, elle a ses amis maintenant. Et moi aussi, j'ai ma copine. **Ce n'est pas grave** si nous ne sommes plus amies.
- Ok, je comprends.

Un après-midi, Michelle se promène dans le parc. Elle voit Jane pleurer sur une chaise.

- Bonjour Jane, **qu'est-ce qui se passe** ? Pourquoi pleures-tu ?
- Bonjour Michelle. Lucas et sa famille **déménagent** dans une autre ville. **Nous nous séparons.**
- Je suis désolée pour toi.
- Merci.
- Où sont tes amis ?
- Je ne sais pas. Ils ne sont pas là.

Jane sourit à Michelle et lui demande:

- Et toi, comment vas-tu ?
- Je vais bien, merci. Ne reste pas **seule** ici. **Viens prendre un verre avec moi.**
- Non, merci. **Je ne veux pas te déranger.**
- Tu ne me déranges pas. Je t'invite.
- Ok, d'accord. Merci Michelle. Tu es vraiment gentille.

Les deux jeunes filles vont au restaurant. Elles commandent du jus et des crêpes au chocolat. Jane raconte ses problèmes à Michelle. Lilly n'est pas vraiment l'amie de Jane. Lilly est une profiteuse.

Le soir, Jane se sent mieux. Elle raconte sa journée à sa mère.

Lucas part. Jane oublie sa relation avec lui. Jane et Michelle commencent à **passer du temps ensemble**. Mel et Victoria sont contentes.

Un jour, **Victoria tombe malade**. Jane aide Michelle à **prendre soin de** Victoria. Annie rend visite à Victoria. Michelle présente son amie

Annie à Jane. Jane est ravie de la rencontrer. Michelle invite Annie à manger à la maison. Annie accepte avec plaisir. Jane et Michelle **préparent le repas**. Les trois jeunes filles mangent ensemble à midi. Le repas est délicieux.

Trois jours plus tard, Victoria est **guérie**. Jane invite Michelle et Annie à faire du shopping. Annie décline l'invitation. Elle a des devoirs à finir. Michelle accepte l'invitation avec plaisir. Jane et Michelle **achètent** de nouvelles **robes**, de nouvelles **chaussures** et des **pantalons**. Elles achètent un beau **collier** pour Annie. Michelle achète un **manteau** pour sa mère. Jane achète un **blouson** pour sa mère.

Vers la fin de l'**année scolaire, Jane échoue ses examens. Elle redouble sa classe de première.** Jane regrette. Elle demande à Michelle de rester amie avec elle. Michelle dit à Jane qu'elle est toujours son amie. Jane décide de ne plus **négliger ses études**.

Jane et Michelle deviennent presque inséparables. **Michelle aide Jane à réussir dans ses études**. Jane est contente. Michelle et Jane redeviennent des amies proches comme avant.

قصة 2: عائلة كبيرة

ليا تنحدر من **عائلة كبيرة**. لديها ثلاثة **أشقاء**. اسم والدها هو جورج. اسم والدتها (ليدي) كان زواج جورج و(ليدي) **زواج مرتب**.

وُلد طفلهما الأول بعد عام من **زفافهما**. **ابنتهما الكبرى** تدعى ماريا. ريتشارد هو الطفل الثاني. لديه نفس اسم **جده** والده. و ليا هي الطفلة الثالثة لوالديها. جينا هي **الشقيقة الصغرى** لليا. جينا هي **أصغر** أفراد العائلة. **وتشبه والدتها كثيراً.**

ليا لديها سبعة **أبناء عمومة** من جانب والدها، أربع فتيات وثلاثة أولاد. ولديها سبعة أبناء خال/ خالة من جانب والدتها، خمس فتيات وصبيين. ليا وإخوتها قريبون اكثر الى **جانب عائلة والدتهم**. ليا وجينا تزوران في كثير من الأحيان **خالتهما** جوسلين: **الشقيقة الصغيرة** لليدي. جدّتهم لأمهم **لطيفة** جداً. بينما جدتهم لأبيهم صارمة. وفي الواقع قد **مات** جدّاهما.

لوك صديق للعائلة وهو **جار** أيضاً. لوك **أب أعزب**. اسم ابنته كاثرين. كاثرين هي **الطفلة الوحيدة** وهي **يتيمة الأم**. (ليا) و(كاثرين) قريبتان جداً. تعتبر (ليا) **تقريباً** مثل أخت (كاثرين).

بعض أفراد عائلة جورج يعيشون في **الخارج**. فشقيق جورج الأكبر يعيش في فرنسا. حيث ان زوجته فرنسية فأنجبا طفلان من **عرق مختلط** لكليهما. كل عام، جورج ينظم حفلة كبيرة حيث يجتمع جميع أفراد الأسرة. ويكون جورج سعيد لرؤية إخوته وأخواته، فضلا عن **أبناء أخيه** وبنات أخيه.

بعد عشر سنوات من الزواج، بدئا جورج وليدي في الجدال في كثير من الأحيان. واصبحت لديهم **مشاكل زوجية**. (ليدي) **منجذبة** إلى (لوك)، وجورج لديه **عشيقة** اسمها جيزيل. وهي في الثلاثين من عمرها (جورج) و (ليدي) **لم يعودا يحبان بعضهما بعد**. كان زواجهما خطأً. فتطلقا. واصبح أطفالهم **منزعجين**. ولكن كان هذا هو أفضل قرار لاتخاذه.

غادر جورج المنزل وانتقل إلى منزل جيزيل. اخذت جينا في **البكاء** فوضحت (ليدي) لهم أن والدها لم يعد يعيش معهم لكنه لا يزال يحب جينا وأشقائها. اخذت (ليا) **تخفف** عن أختها الصغيرة. **اخذها** ريتشارد **بين ذراعيه**. لا يزال جورج على علاقة جيدة مع **زوجته السابقة**. وبدأت (ليدي) **في علاقة عاطفية مع (لوك)**.

بعد ستة أشهر، تزوج (جورج). ودعى (ليدي) و(لوك) والأطفال إلى زفافه لكن (ليدي) لم ترغب في الحضور. أقاما (جينا) و(لوك) في المنزل مع (ليدي) وحضر ماريا، ريتشارد وليا حفل الزفاف.

عاشا (ليدي) و(لوك) في **معاشرة** مع أطفالهما. وفرحت ليا بالعيش مع كاثرين. بالإضافة إلى ذلك، ليا كانت تحب لوك. فهو مثل الأب الثاني لها. وعُرض منزل (لوك) و(كاثرين) القديم **للإيجار**.

المستأجرون الجدد هم زوجان **متقاعدان قديمان**: كريستوف وكريستين ويلسون. إنهم وحيدون. ويعيش أبناؤهم **وأحفادهم** جميعا في الخارج منذ سنوات. وللترحيب بكريستوف وكريستين، اعدت ماريا **كعكة** جيدة **لهم**. قامت كريستين بشكرها **بحرارة**. و دعت ماريا وجميع الأطفال الآخرين **لتذوق** الكعكة مع **زوجها**. قامت ماريا بدعوة ريتشارد، ليا، جينا وكاثرين لتناول الكعكة في بيت ويلسون. وقدمت ماريا لهم الجيران الجدد.

اصبحت جيزيل حامل. وبعد تسعة أشهر، **انجبت جيزيل طفلها الأول**. اسمه ليونيل. وولدت شقيقة ليونيل الصغيرة بعد **سنة ونصف**. واسمها بريسكا. وهي شقراء مثل أمها.

الوقت يمر والأطفال يكبرون. الأكبر سنا يصبحون شباب بالغين وأصغرهم يصبحون مراهقين. اصبحت ليا على ما يرام مع **أخيها غير الشقيق** وأختها غير الشقيقة. و كانت جينا تدعوهم لتناول البيتزا معًا. ليا وجينا تعرفا عليهما بشكل أفضل سريعًا، وتكونت صداقة بينهما.

في هذه الأثناء، تولد **المشاعر** بين ريتشارد وكاثرين. **فيقعون في الحب. لكنهم خائفون** من رد فعل لوك وليدي. فهم يخفون علاقتهم عن الجميع **ماعدا** (ليا) ولكن عاجلا أم آجلا ما **سيكتشف** لوك وليدي العلاقة بين اثنين من **طيور الحب**. وافق والديهم على علاقتهما.

وبعد عام، **يطلب ريتشارد من كاثرين أن تتزوجه**. **قفزت** كاثرين في أحضان ريتشارد ووافقت. نظّم ريتشارد وكاثرين **خطوبتهم**. وكانت ليا سعيدة بذلك. حيث اصبحت صديقتها المقربة **زوجة شقيقها**. كانت ليا تساعد شقيقها في اختيار خاتم الخطوبة لكاثرين. وخلال حفل الخطوبة، دعى جورج **شقيقة زوجته** للرقص. وُلد **حفيده** بعد اثني عشر شهرا. واسمه بيتر. وكان بيتر لديه عيون والدته كاثرين.

بعد فترة، حان دور ماريا للزواج. كان زوجها **رجل وسيم** طويل القامة وغني. اسمه جون جاكسون. لكن لسوء الحظ، لا يمكن للزوجين أن ينجبا أطفالاً. والدة (جون) **مستاءة من** وضع ابنها الوحيد فهي ترى انه يجب أن يكون له **وريث. ماريا تحت ضغط كبير من أصهارها. وكانت تتساءل** إن كان يجب انفصالها عن (جون). (جون) أخبرها ألا تفكر في ذلك أبداً لانها زوجته وهو يحبها وعليهم **أن يتعاملوا مع مشكلتهم** معاً لحلها، تبني جون وماريا ولدا. وبعد ثلاث سنوات، تحدث معجزة. و تجد ماريا انها حامل. و تلد فتاة صغيرة جميلة : لوسيا.

Vocabulaire

عائلة كبيرة	Une famille nombreuse
أخوة	Frère et sœurs
زواج مرتب	Un mariage arrangé
مولود	Naître
حفل زواج	Epousailles
الابنة الكبرى	Aînée
الجد الأكبر	Arrière-grand-père
الاخت الصغرى	Sœur cadette
الاصغر	Benjamin/benjamine
تشبه والدتها كثيرا	Elle ressemble beaucoup à sa mère
ابن عم (ق) / ابناء عم	Cousin(s) germain(s)
جانب والدتهم من العائلة	La famille du côté de leur mère
عمة	Tante
الأخت الصغرى	La petite sœur
طيب/ طيبة	Gentil/gentille
ميت	Mort(s)
جار	Un voisin
والد واحد	Père célibataire
مجرد طفل	Fille unique
يتيمة الأم	Orphelin de mère/orpheline de mère
تقريبيا	Presque
خارج البلاد	A l'étranger
عرق مختلط	Métis
ابن شقيق / اشقاء	Neveu(x)
المشاكل الزوجية	Problèmes conjugaux
ينجذب إلى	Attiré par/attirée par
عشيقة (حبيبة)	Maîtresse
لم يعد جورج وليدي يعشقان بعضهما البعض	George et Lydie ne s'aiment plus

مستاءة	Bouleversé(s)
تبكي	Pleurer
راحة	Réconforter
ريتشارد يأخذها بين ذراعيه	Richard la prend dans ses bras
الزوجة السابقة	Ex-femme
ليدي تبدأ علاقة رومانسية مع لوك	Lydie commence une relation amoureuse avec Luc
السكن المشترك	Concubinage
للإيجار	En location
المستأجر	Locataire(s)
متقاعد	Retraité(s)
أحفاد	Petits-enfants
كيك	Gâteau
بحرارة	Chaleureusement
المذاق	Déguster
الزوج	Mari
جيزيل حامل	Gisèle tombe enceinte
جيزيل تلد طفلها الأول	Elle met au monde son premier enfant
سنة ونصف	Un an et demi
يمر الوقت	Le temps passe
أخ غير شقيق	Demi-frère
في هذه الأثناء	Entre-temps
مشاعر	Sentiments
يقعون في الحب	Ils tombent amoureux
انهم خائفون	Ils ont peur
ماعدا	Sauf
يكتشف	Découvrir
طيور الحب	Tourtereaux
ريتشارد يطلب من كاثرين الزواج منه	Richard demande Catherine en mariage
تقفز	Sauter
الارتباط	Fiançailles
خاتم الخطوبة	Bague de fiançailles

ابنة بالنسب	Belle-fille
أخت الزوج / اخت الزوجة	Belle-sœur
حفيد	Petit-fils
رجل وسيم	Bel homme
منزعج / منزعجة	Contrarié/contrariée
وريث	Héritier
ماريا تحت الكثير من الضغط	Maria subit beaucoup de pression
في القوانين	Belle-famille
يتساءل	Se demander
لكي يتعاملون مع مشكلتهم	Faire face à leur problème

Histoire 2 : Une famille nombreuse

Léa vient d'une famille nombreuse. Elle a trois **frère et sœurs**. Son père s'appelle George. Sa mère s'appelle Lydie. Le mariage de George et Lydie est **un mariage arrangé**.

Leur premier enfant **naît** un an après leurs **épousailles**. Leur **aînée** s'appelle Maria. Richard est le second enfant. Il a le même prénom que son **arrière-grand-père**, le père de son papa. Léa est la troisième enfant de ses parents. Gina est la **sœur cadette** de Léa. Gina est la **benjamine** de la famille. **Elle ressemble beaucoup à sa mère.**

Léa a quatre cousines germaines et trois **cousins germains** du côté de son père. Et elle a cinq cousines germaines et deux cousins germains du côté de sa mère. Léa et ses frère et sœurs sont proches de **la famille du côté de leur mère**. Léa et Gina rendent souvent visitent à leur **tante** Jocelyne : **la petite sœur** de Lydie. Leur grand-mère maternelle est très **gentille**. Leur grand-mère paternelle est sévère. Leurs deux grands-pères sont tous déjà **morts**.

Luc est un ami de la famille. Et il est aussi un **voisin**. Luc est **père célibataire**. Sa fille s'appelle Catherine. Catherine est **fille unique**. Et elle est **orpheline de mère**. Léa et Catherine sont très proches. Léa est **presque** comme une sœur pour Catherine.

Quelques membres de la famille de George habitent **à l'étranger**. Le grand frère de George vit en France. Sa femme est française. Deux enfants **métis** sont nés de leur union. Tous les ans, George organise une grande fête où toute la famille se réunit. George est content de voir ses frères et sœurs, ainsi que ses **neveux** et ses nièces.

Après dix ans de mariage, George et Lydie commencent à se disputer fréquemment. Ils ont des **problèmes conjugaux**. Lydie **est attirée** par Luc. George a une **maîtresse**. Elle s'appelle Gisèle. Elle a trente ans. **George et Lydie ne s'aiment plus**. Leur mariage est une erreur. Ils divorcent. Leurs enfants sont **bouleversés**. Mais c'est la meilleure décision à prendre.

George quitte la maison. Il déménage chez Gisèle. Gina **pleure**. Lydie lui explique que son père n'habite plus avec eux. Mais qu'il aime toujours Gina et ses frère et sœurs. Léa **réconforte** sa petite sœur. **Richard la prend dans ses bras.** George reste en bons termes avec son **ex-femme. Lydie commence une relation amoureuse avec Luc.**

Six mois plus tard, George se remarie. Il invite Lydie, Luc et les enfants à son mariage. Mais Lydie n'en a pas envie. Gina et Luc restent à la maison avec Lydie. Maria, Richard et Léa assistent au mariage.

Lydie et Luc vivent en **concubinage** avec leurs enfants. Léa est ravie de vivre avec Catherine. De plus, Léa adore Luc. Il est comme un second père pour elle. L'ancienne maison de Luc et de Catherine est **en location**.

Les nouveaux **locataires** sont un vieux couple de **retraités** : Christophe et Christine Wilson. Ils sont seuls. Leurs enfants et leurs **petits-enfants** vivent tous à l'étranger depuis des années. Pour souhaiter la bienvenue à Christophe et à Christine, Maria leur prépare un bon **gâteau**. Christine la remercie **chaleureusement**. Elle invite Maria et tous les autres enfants à **déguster** le gâteau avec son **mari**. Maria appelle Richard, Léa, Gina et Catherine pour manger du gâteau chez les Wilson. Maria les présente aux nouveaux voisins.

Gisèle tombe enceinte. Neuf mois plus tard, **elle met au monde son premier enfant**. Il s'appelle Lionel. La petite sœur de Lionel naît après **un an et demi**. Son nom est Prisca. Elle est blonde comme sa mère.

Le temps passe. Les enfants grandissent. Les aînés deviennent des jeunes adultes et les cadets deviennent des adolescents. Léa s'entend assez bien avec son **demi-frère** et sa demi-sœur. Avec Gina, elle les invite à manger des pizzas ensemble. Léa et Gina apprennent à mieux les connaître. Bientôt, une amitié naît entre eux.

Entre-temps, des **sentiments** naissent entre Richard et Catherine. **Ils tombent amoureux.** Mais **ils ont peur** de la réaction de Luc et de Lydie. Ils cachent donc leur relation à tout le monde, **sauf** à Léa. Mais tôt ou tard, Luc et Lydia **découvrent** la relation des deux **tourtereaux**. Leurs parents approuvent leur relation.

Un an plus tard, **Richard demande Catherine en mariage**. Catherine **saute** dans les bras de Richard et accepte. Richard et Catherine organisent leurs **fiançailles**. Léa est heureuse. Sa meilleure amie devient sa **belle-sœur**. Léa aide son frère à choisir une **bague de fiançailles** pour Catherine. Pendant la fête des fiançailles, George invite sa **belle-fille** à danser. Son **petit-fils** naît douze mois plus tard. Il se nomme Peter. Peter a les yeux de sa mère Catherine.

Après quelques temps, c'est au tour de Maria de se marier. Son mari est un grand et riche **bel homme.** Il s'appelle John Jackson. Malheureusement, le couple ne peut pas avoir d'enfant. La mère de John est **contrariée** par la situation. Son fils unique doit avoir un **héritier. Maria subit beaucoup de pression** de sa **belle-famille.** Elle **se demande** si elle doit se séparer de John. John lui dit de ne jamais penser à cela. Elle est sa femme et il l'aime. Ils doivent **faire face à leur problème** ensemble. Pour résoudre leur problème, John et Maria adoptent un fils. Et trois ans plus tard, un miracle se produit. Maria finit par tomber enceinte. Elle donne naissance à une jolie petite fille : Lucia.

قصة 3: شغف الموسيقى

الغناء هو **الهواية** المفضلة لدى كريستيان. اسم والدته هو جين. اسم والده هو آلين. بين سن الثانية والرابعة، كان يحب كريستيان **الاستماع** إلى **القوافي في الحضانة**. انه يحب أن **يهمهم**. وفي الخامسة، استطاع (كريستيان) **القراءة**. يحب أن **يلعب الكاريوكي/** الغناء.

في التاسعة من عمره، شارك في **مسابقة غناء** للأطفال. كان كريستيان لديه الكثير من المواهب. وقد أعجب به أعضاء لجنة التحكيم. كريستيان كان من **بين المرشحين** النهائيين للمسابقة. كان **الفائز بالمسابقة** صبي في الثانية عشرة من عمره. و **فاز كريستيان بالجائزة الثانية**. وحصل على **جهاز لعبة**، دراجة، و**مال** و **عطلات للخارج**. كما أنه فاز بتذكرة إلى ديزني لاند.

كانا آلين وجين فخوران جدا بطفلهما. و **هنئوه و قبلوه**.

نظم (آلين) و(جين) **حفلة** كبيرة لعيد ميلاد (كريستيان) العاشر. ودعوا العائلة بأكملها وبعض **زملاء الدراسة**. وفي الساعة الرابعة، تمنى كريستيان أمنية. ثم **أطفأ الشموع** على كعكة عيد الميلاد وصفق **الجميع**. قدم الضيوف **الهدايا** إلى كريستيان.

في الساعة السادسة انتهت الحفلة وذهب الناس إلى ديارهم. قام والدا (كريستيان) بشكر الجميع. و **اخذ كريستيان يفك هداياه**. **حصل** كريستيان على أحذية جديدة، و **ملابس** جديدة و **لعب** جديدة. واهداه والداه **زلاجات دوارة**.

ولتناول العشاء، تعد جين **طبقها المفضل**. وفي الساعة الثامنة يتناولون الطعام يأكلون المعكرونة و **الجبن**.

رأى كريستيان جيتار قديم في الخزانة. فبدأ **كريستيان يعلم نفسه العزف على الجيتار**. لاحظت والدته ذلك. فاشترت له جيتار جديد. وكانت تبحث عن مدرسة موسيقية لابنها كريستيان ليبدأ **دروس الجيتار**.

في الحادية عشرة، قام كريستيان بالغناء خلال حفلة في مدرسته. لاحظ **معلم الصوت** ذلك **وقام بتحية كريستيان** ووالديه. ثم قدم نفسه. لقد كان مُدرسًا للغناء لمدة خمسة وعشرين عامًا. قال بأن كريستيان لديه صوت جميل. ويأمل (سيريل) أن يعلمه الغناء. قَبِلا جين وآلين الاقتراح. إنها فرصة عظيمة. التقى كريستيان بطالبة أخرى من طلاب سيريل. اسمها آنا. وكانت آنا تعزف على البيانو. كان (كريستيان) و(آنا) **في نفس العمر**. وقد **اصبحا أصدقاء**.

في الثانية عشرة، يدخل كريستيان الصف السادس. وفي المدرسة الاعدادية، يحصل على درجات سيئة. اذ يركز كريستيان على الموسيقى والغناء. ويطلب منه والده التركيز على الدراسة. **فترك** كريستيان الموسيقى. واصبح يحصل على درجات أفضل في المدرسة.

في السادسة عشرة، يدخل كريستيان المدرسة الثانوية. ويتعلم كيفية **إدارة وقته للهوايات** والدراسات. فاستمر في الموسيقى والغناء. وفي المدرسة الثانوية، يلتقي كريستيان بشباب آخرين. يمارسون الموسيقى أيضًا. ف كين يعزف على الجيتار و (نك) يلعب الطبول. **يشكل (كريستيان) و ((نك) و(كين) فريقًا جيدًا.** فدعى (نك) (كريستيان) و(كين) للعب الموسيقى معاً حيث ان لديه استديو في المنزل. **لديه طبول،** وجيتار ومُرَكَّب موسيقي. دعى كريستيان آنا للعب معهم.

في صباح يوم السبت، ذهب كريستيان، كين وآنا إلى منزل نك. قام (نك) بتقديم أصدقاءه الجدد لوالديه. والد (نك) **عازف طبول** سابق ووالدته **منشدة** سابقة. و **أختها الكبرى تعزف على الكمان.** ف (نك) ينحدر من عائلة من الفنانين.

يدخل الشباب الأربعة إلى الاستديو. قام الجميع بالعزف على آلتهم الموسيقية. قاموا بعزف **الأغاني الشهيرة.** قام كريستيان وآنا بالغناء معا **في نفس الوقت.** وقامت والدة (نك) بتقديم **العصير** للجميع واصبح الشباب الأربعة لا ينفصلون عن بعضهم. فحُب الموسيقى يوحدهم.

بعد بضعة أشهر، دعاهم (سيريل) لإقامة حفلة غنائية. كان كريستيان، آنا، (نِك) و (كين) متحمسون ولكن **لديهم حالة من الخوف من المسرح. احمرت خدود آنا خجلا.** وكان كين متعرقًا. في حين كان (نك) لديه **ألم في المعدة. تصافح (كريستيان)** هو وأصدقاؤه. ولعبوا على خشبة المسرح للمرة الأولى. حضر آباؤهم وعائلاتهم جميعاً.

وأخيراً، **كل شيء يسير على ما يرام. نظام الصوت** لا تشوبه شائبة. **المغنين** يغنون جيداً ويتم اختيار قائمة الأغاني بشكل جيد. وكان كل الحاضرين راضون. وتلقت المجموعة تهاني الجمهور. وكان سيريل سعيدًا **بأدائهم.** وعطاهم **أجرهم.**

حل الليل. وكان **كريستيان جائع كالذئب.** وار اد آلين أن **يحتفل** بهذا **النجاح** الأول. فدعى الموسيقيين الأربعة إلى المطعم. كما دعى سيريل ايضًا.

الوقت يمر. وقام كريستيان وأصدقائه بإنهاء المدرسة الثانوية. وغادرت آنا البلاد لمواصلة دراستها في الخارج. **استمرت دراستها عدة سنوات.** وكان كريستيان **حزين جدا. وقلبه مكسور.**

استيقظ كريستيان في منتصف الليل. وهو مستوحى من رحيل صديقته. وأخذ ورقة **وقلم. واخذ يكتب كلمات أغنية.** ثم تناول كريستيان جيتاره. وبدأ يلحن لحن الأغنية. كانت أغنية

كئيبة. اول **مقطع يحكي حباً مستحيلاً**. والمقطع الثاني يحكي الانفصال. **تصف الجوقة مشاعر المغني.**

في اليوم التالي، غنى كريستيان أغنيته بالجيتار. واستمع كين، سيريل، نك، جين وآلين إليه. **وكان والدا (كريستيان) متأثران بالأغنية.** لانها كانت أغنية **مؤثرة** جداً. وهو إعلان جميل عن الحب. كما احبا كين و(نك) الأغنية ايضا

بدأ الأولاد الثلاثة حياتهم المهنية في الموسيقى. وقاموا بضم عازفة بيانو جديدة اسمها جين. (جين) هي ابنة أخت (سيريل). انشأ كريستيان، نك، كين و جين فرقتهم. وسمونها " أونغ ستو ". **وقاموا بتسجيل أغنية** كريستيان. **عنوان الأغنية** هو "لأجلك". وبعد شهر، **أطلقوا أول واحدة.** وفي غضون أيام قليلة ، اصبحت **الأغنية ذات ضجة.** واهدى كريستيان الأغنية إلى آنا. وكانت (آنا) متأثرة جدا. وشكرت (كريستيان).

لحن سيريل ثلاث أغنيات لفرقة أونغ ستو. وألف كريستيان و جين أيضا الأغاني الأخرى. وساعدوهم آلين وسيريل.

وبعد ستة أشهر، أطلق كريستيان، جين، نك وكين ألبومهم الأول من الأغاني. وبعد ستة أسابيع، قاموا بأول حفل موسيقي لهم. **امتلأت القاعة بالمشجعين.** وكان المعجبون يعرفون الأغاني عن ظهر قلب. واستمر العرض لساعة ونصف.

كان كريستيان يفكر في آنا. **وقد اصبح حلمه حقيقة.**

Vocabulaire

الغناء	Chant
هواية	Passe-temps
يستمع	Ecouter
اناشيد الأطفال	Comptine(s)
همهمة	Fredonner
يقرأ	Lire
غني كاريوكي	Faire du karaoké
مسابقة الغناء	Un concours de chant
بين	Parmi
الفائز في المسابقة	Le gagnant du concours
كريستيان يفوز بالجائزة الثانية	Christian remporte le deuxième prix
يأخذ دروس الموسيقى	Il suit des cours de musique
وحدة التحكيم	Une console de jeu
مال	Argent
عطلة في الخارج	Vacances à l'étranger
هنَّأ	Féliciter
قبلة	Embrasser
حفلة	Fête
زملاء الصف	Camarade(s) de classe
ليتمنى امنية (كريستيان يجعل أمنية)	Faire un vœu (Christian fait un vœu)
يطفئ الشموع	Souffler les bougies (il souffle les bougies)
الجميع	Tout le monde
هدية / هدايا	Cadeau(x)
أخذ يفتح الهدايا (قام كريستيان بفتح هداياه)	Déballer ses cadeaux
حصل على	Obtenir
ملابس	Vêtements
ألعاب	Jouets
الواح التزحلق	Patins à roulettes

الطبق المفضل	Plat préféré
جبنه	Fromage
خزانة الملابس	Le débarras
كريستيان يعلم نفسه العزف على الجيتار	Christian apprend tout seul à jouer de la guitare
لاحظ (والدته تلاحظه)	Remarquer (sa mère le remarque)
للبحث عن (تبحث عن ...)	Chercher (elle cherche…)
ابن	Fils
دروس الجيتار	Cours de guitare
مدرس الصوت	Professeur de chant
كريستيان وآنا في نفس العمر	Christian et Anna ont le même âge
اصبحوا اصدقاء	Ils se lient d'amitié
يحيي (يحيي كريستيان)	Saluer (Il salue Christian)
للتخلي (كريستيان تتخلى عن الموسيقى)	Délaisser (Christian délaisse la musique)
إدارة الوقت	Gérer son temps
هوايات	Loisirs
لتكون على ما يرام مع ... (كريستيان يحصل على ما يرام مع نيك وكين)	Sympathiser avec… (Christian sympathise avec Nick et Ken)
لديك (لديه)	Posséder (il possède)
طبول	Batterie
لاعب الطبول	Batteur
الأخت الكبرى	Grande sœur
كوريستر ، دعم الصوت	Choriste
كمان	Violon
الأغاني المعروفة ، الأغاني الشهيرة	Chansons connues
في نفس الوقت	En même temps
عصير	Jus
لديهم حفلة على المسرح	Ils ont le trac
أحمرت خدودها	Rougir (Anna rougit)
مبلل بالعرق	En sueur
معدة	Estomac

اليد / الايدي	Main(s)
يصافح (مصافحة يدي كريستيان)	Trembler (les mains de Christian tremblent)
على المسرح	Jouer sur scène
نظام الصوت	Sonorisation
مغني / مغنون	Chanteur(s)
أداء	Prestation
دفع	Rémunération
يحل الليل	La nuit tombe
كريستيان جائع مثل الذئب	Christian a une faim de loup
احتفل	Fêter
نجاح	Réussite
تستمر دراساته لعدة سنوات	Ses études durent plusieurs années
حزين جدا	Très triste
كل شيء يجري بشكل جيد	Tout se passe bien
قلبه مكسور	Il a le cœur brisé
يستيقظ كريستيان في منتصف الليل	Christian se réveille au beau milieu de la nuit
قلم	Stylo
كلمات الاغنية	Paroles
بيت شعر	Couplet
يروي	Raconter
جوقة	Refrain
لوصف (يصف الجوقة ...)	Décrire (le refrain décrit…)
في اليوم التالي	Le lendemain
أثارت والد كريستيان للأغنية	Les parents de Christian sont émus par la chanson
مثير للمشاعر	Poignante
يسجلون الأغنية	Ils enregistrent la chanson
عنوان الأغنية	Titre de la chanson
يطلقون أول أغنية منفردة	Ils sortent leur premier single
أغنية ناجحة	Chanson à succès

ملء (المشجعين ملء القاعة)	Remplir (Les fans remplissent la salle de spectacle)
عن ظهر قلب	Par cœur
حلمه يتحقق	Son rêve se réalise

عن ظهر قلب

حلمه يتحقق

Histoire 3 : Une passion pour la musique

Le **chant** est le **passe-temps** préféré de Christian. Sa mère s'appelle Jeanne. Son père s'appelle Alain. Entre deux et quatre ans, Christian adore **écouter** des **comptines**. Il aime les **fredonner**. A cinq ans, Christian sait **lire**. Il aime **faire du karaoké**.

A neuf ans, il participe à **un concours de chant** pour les enfants. Christian a beaucoup de talents. Les membres du jury sont impressionnés. Christian est **parmi** les finalistes de la compétition. **Le gagnant du concours** est un jeune garçon de douze ans. **Christian remporte le deuxième prix**. Il obtient **une console de jeu**, une bicyclette, de l'**argent** et des **vacances à l'étranger**. Il gagne aussi un ticket pour Disneyland.

Alain et Jeanne sont très fiers de leur enfant. Ils le **félicitent** et l'**embrassent**.

Alain et Jeanne organisent une grande **fête** pour le dixième anniversaire de Christian. On invite toute la famille et quelques **camarades de classe**. A seize heures, **Christian fait un vœu**. Puis **il souffle les bougies** sur le gâteau d'anniversaire. **Tout le monde** applaudit. Les invités offrent des **cadeaux** à Christian.

A dix-huit heures, la fête se termine. Les gens rentrent chez eux. Les parents de Christian les remercient. **Christian déballe ses cadeaux**. Christian **obtient** de nouvelles chaussures, de nouveaux **vêtements** et de nouveaux **jouets**. Ses parents lui offrent des **patins à roulettes**.

Pour le dîner, Jeanne lui prépare son **plat préféré**. A vingt heures, ils dînent. Ils mangent du macaroni au **fromage**.

Christian voit une vieille guitare dans **le débarras. Il apprend tout seul à jouer de la guitare. Sa mère le remarque**. Elle lui achète une nouvelle guitare. **Elle cherche** une école de musique pour son **fils**. Christian commence des **cours de guitare**.

A onze ans, Christian chante pendant une fête de son école. Un **professeur de chant** le remarque. **Il salue Christian** et ses parents. Puis il se présente. Il est professeur de chant depuis vingt-cinq années. Christian a une belle voix. Cyril souhaite l'apprendre à chanter. Jeanne et Alain acceptent la proposition. C'est une belle opportunité. Christian rencontre une autre élève de Cyril. Elle s'appelle Anna. Anna joue du piano. **Christian et Anna ont le même âge. Ils se lient d'amitié**.

A douze ans, Christian entre en classe de sixième. Au collège, il obtient de mauvaises notes. Christian est trop concentré sur la musique et la chanson. Son père lui demande de se concentrer sur les études. Christian **délaisse** la musique. Il obtient de meilleures notes à l'école.

A seize ans, Christian entre au lycée. Il apprend à **gérer son temps** pour les **loisirs** et les études. Il continue la musique et le chant. Au lycée, Christian rencontre d'autres jeunes. Ils font aussi de la musique. Ken joue de la guitare. Et Nick joue de la batterie. **Christian sympathise avec Nick et Ken**. Nick invite Christian et Ken à jouer de la musique ensemble. Il a un studio chez lui. **Il possède** une **batterie**, une guitare acoustique et un synthétiseur. Christian invite Anna à jouer avec eux.

Le samedi matin, Christian, Ken et Anna vont chez Nick. Nick présente ses nouveaux amis à ses parents. Le père de Nick est un ancien **batteur**. Sa mère est une ancienne **choriste**. Sa **grande sœur** joue du **violon**. Nick vient d'une famille d'artistes.

Les quatre jeunes gens entrent dans le studio. Chacun joue son instrument de musique. Ils jouent des **chansons connues**. Christian et Anna chantent en même temps. La mère de Nick offre des **jus** à tout le monde. Les quatre jeunes gens deviennent inséparables. L'amour de la musique les unit.

Quelques mois plus tard, Cyril les appelle pour animer une fête. Christian, Anna, Nick et Ken sont excités. Mais **ils ont le trac**. **Anna rougit**. Ken est **en sueur**. Nick a mal à **l'estomac**. **Les mains de Christian tremblent**. Lui et ses amis **jouent sur scène** pour la première fois. Leurs parents et leur famille sont tous présents.

Finalement, **tout se passe bien**. La **sonorisation** est impeccable. Les **chanteurs** chantent bien. La liste des chansons est bien choisie. Toutes les personnes présentes sont satisfaites. Le groupe reçoit les félicitations du public. Cyril est content de leur **prestation**. Il leur donne leur **rémunération**.

La nuit tombe. Christian a une faim de loup. Alain veut **fêter** cette première **réussite**. Il invite les quatre musiciens au restaurant. Il invite aussi Cyril.

Le temps passe. Christian et ses amis finissent le lycée. Anna quitte le pays. Elle continue ses études à l'étranger. **Ses études durent plusieurs années**. Christian est **très triste. Il a le cœur brisé**.

Christian se réveille au beau milieu de la nuit. Il est inspiré par le départ de son amie. Il prend un papier et un **stylo**. Il écrit les **paroles** d'une chanson. Puis Christian prend sa guitare. Il compose la mélodie de la chanson. C'est une chanson mélancolique. Le premier **couplet raconte** un amour impossible. Le deuxième couplet raconte la séparation. Le **refrain décrit** les sentiments du chanteur.

Le lendemain, Christian chante sa chanson avec sa guitare. Ken, Nick, Cyril, Jeanne et Alain l'écoutent. **Les parents de Christian sont émus par la chanson**. C'est une chanson très **poignante**. Et c'est une belle déclaration d'amour. Ken et Nick adorent la chanson.

Les trois jeunes garçons commencent leur carrière professionnelle dans la musique. Ils recrutent une nouvelle pianiste. Elle s'appelle June. June est la nièce de Cyril. Christian, Nick, Ken et June créent leur groupe de musique. Ils le nomment « Ong'Stu ». Puis **ils enregistrent la chanson** de Christian. Le **titre de la chanson** est « Pour toi ». Un mois plus tard, **ils sortent leur premier single.** En quelques jours, la chanson devient une **chanson à succès**. Christian dédie la chanson à Anna. Anna est émue. Elle remercie Christian.

Cyril compose trois chansons pour le groupe Ong'Stu. Christian et June composent aussi d'autres chansons. Alain et Cyril les aident.

Après six mois, Christian, June, Nick et Ken sortent leur premier album de chansons. Six semaines plus tard, ils font leur premier concert. **Les fans remplissent la salle de spectacle.** Les fans connaissent les chansons **par cœur**. Le spectacle dure une heure et demie.

Christian pense à Anna. **Son rêve se réalise.**

قصة 4: حياة أسرة عادية

ألين في الثالثة عشرة. وهي **تلميذة** تحب الكتابة. تعرض عليها أمها **مذكرات**. فتكتب **أفكارها** في هذه المجلة. و **تخزنها في درجها.**

من الاثنين الى الجمعة، **استيقظت ألين** في السادسة والنص كل صباح. وقامت **بالاستحمام.** وفي يوم الأربعاء، **تغسل شعرها. وتنظف أذنيها وتفرش أسنانها, وتقص أظافرها, وتغادر الحمام** في السادسة والأربعون **تتجفف بالمنشفة. وترتدي ملابسها وترتدي حذائها وتمشط شعرها** وتأخذ **حقيبتها المدرسية** ثم تغادر **غرفتها.**

في الساعة السابعة تذهب إلى **غرفة الطعام لتناول الفطور** مع والدها. وفي السابعة و خمسة عشر دقيقة تغادر المنزل. فتذهب إلى **محطة الحافلات.** لتستقل الحافلة. وتصل إلى المدرسة في السابعة والأربعون دقيقة.

يرن الجرس في السابعة والخمسين. فيذهب الطلاب إلى **فصولهم الدراسية.** الجميع **يجلس** في أمكانه. وتبدأ الفصول الدراسية. موعد الاستراحة في التاسعة و خمسة وأربعون دقيقة. وتستمر الدروس في الساعة العاشرة صباحًا، لتنتهي الدروس عند الظهر.

تذهب ألين إلى **الكافتيريا.** وتتناول الغداء مع صديقتين. وبعد **الغداء،** تذهب إلى مكتبة المدرسة. تأخذ مكاناً لتقرأ أو تكتب أو تقوم **بواجبها المنزلي.** وأحياناً **تغفو!**

في فترة **ما بعد الظهر،** تبدأ الدروس في الساعة 13:30. تنتهي عند الساعة الخامسة. فتأخذ ألين الحافلة مرة أخرى. ألين تصل إلى المنزل في الساعة الثامنة عشرة. **تضع حقيبتها في** غرفتها. وتنزل وتأخذ **وجبة خفيفة.** ثم تأخذ استراحة حتى تصل والدتها.

تتناول العائلة الطعام حوالي الساعة الثامنة. ثم تزيل ألين حذائها، **وتخلع ملابسها** ليتم غسلها. تضع غسيلها المتسخ في **صندوق الغسيل.** وترتدي بيجامتها ثم **تذاكر** دروسها وتؤدي واجبها المنزلي. تقضي يومها في مذكراتها. وفي حوالي الحادية والعشرين، تذهب إلى السرير. تقرأ وتغفو.

يوم السبت، استيقظت ألين حوالي الساعة التاسعة والنصف. ألين طالبة جادة في مذاكرتها. وفي صباح السبت، تنتهي من **واجبها المنزلي الذي لم تنته في اليوم السابق.** ثم تذاكر أو تراجع دروسها.

وبعد ظهر يوم السبت، تتابع ألين دروس الباليه. توصلها أمها ثم **تعيدها** في الساعة الرابعة.

يوم الأحد، تقوم ألين ببعض الأنشطة مع عائلتها. فقد يبقون في المنزل أو يخرجون.

أخت ألين الكبرى هي ليزلي وتبلغ من العمر 25 عاماً. وهي **خريجة شابة. ليزلي عاطلة عن العمل**, تعيش مع والديها وتحب **قضاء الوقت** مع أصدقائها. تحب **التسامُر** مع صديقها. كما أنها تحب **المكياج.**

في كل صباح، تستيقظ ليزلي في الساعة العاشرة. تستعد وتخرج من المنزل **وتغلق الباب** وتذهب إلى مرآب المنزل. لترتدي **خوذة دراجتها النارية**, **تستقل الدراجة** وتغادر.

ليزلي لديها وظيفة مؤقتة **كنادلة** في مطعم صغير. حيث **تعمل بدوام جزئي** وفي العاشرة والعشرين، تصل إلى المطعم. تشرب القهوة وتأكل **الخبز والزبدة**. ثم ترتدي **زي عملها**. لتبدأ بالعمل.

كوينتين هو **زبون منتظم** للمطعم. إنه **يتودد إلى (ليزلي)** كل يوم، يعطي (كوينتين) (ليزلي) **بقشيشاً سخياً**. لكن الشابة **قلقة**.

في الساعة الواحدة تأخذ استراحة لمدة 15 دقيقة. **تتناول وجبة خفيفة** وتواصل خدماتها. **ليزلي لا تأكل كثيراً** لأنها تخاف من السمنة. **فهي عبارة عن جلد وعظام.**

في الساعة السادسة تنهي (ليزلي) خدماتها, وفي السادسة والنصف، تنضم مجدداً إلى أصدقائها في حانة.

في ليلة الجمعة، تخرج ليزلي وصديقاتها إلى **الملاهي الليلية**. وتعود في الساعة الواحدة صباحاً. وأحياناً تنام صديقة لها في منزلها. في صباح يوم السبت، كانت ليزلي **منهكة. فتنام في الصباح الباكر** حتى تستيقظ حوالي الظهر. تتناول الغداء في فترة ما بعد الظهر، وتشاهد الروايات أو تذهب إلى السينما مع صديقاتها.

اسم والدة ليزلي وألين هو (ستيفي) ستيفي معلمة في **مدرسة ابتدائية**. ستيفي تحب الأطفال وتحب وظيفتها. كل ليلة تُعد دروس للأطفال في اليوم التالي. وبعد الامتحانات، **تبقى في بعض الأحيان حتى وقت متأخر**. حيث تصحح أوراق امتحان طلابها. (ستيفي) تعرف كل أسماء طلابها. وبعد ظهر يوم الأربعاء، **لا توجد مدرسة. ويكون لديها بعض وقت الفراغ.**

اسم زوج (ستيفي) هو (روب) **يعمل روب في علوم الكمبيوتر**. روب مطور. ويعمل في مكتب. ويجلس **دائماً أمام الحاسوب**. يقوم **بطباعة** سطور من الأكواد البرمجية على **لوحة المفاتيح.** وروب أيضا هو المسؤول عن الحفاظ على أجهزة الكمبيوتر في مكان عمله. وهو **مدير تكنولوجيا المعلومات**. روب يعمل العديد من الساعات الإضافية. ألين تجد أنه **يعمل كثيرا**. و(ألين) تخاف على والدها من مشقة العمل.

Vocabulaire

تلميذة	Collégienne
يوميات	Journal intime
الأفكار	Pensée(s)
لتخزينها (تخزنها)	Ranger (elle le range)
درج	tiroir
استيقظ (ألين تستيقظ)	Se réveiller (Aline se réveille)
للاستحمام (تستحم)	Prendre une douche (elle prend une douche)
تغسل شعرها	elle lave ses cheveux
تنظف أذنيها	Elle nettoie ses oreilles
تنظف اسنانها	Elle se brosse les dents
الأظافر	ongles
الحمام	salle de bain
لتجفف (تجفف)	se sécher (elle se sèche)
منشفة	serviette
تلبس ملابسها و حذائها	Elle s'habille et met ses chaussures
تمشط شعرها	Elle peigne ses cheveux
حقيبة مدرسية	cartable
غرفة نوم	chambre
غرفة الطعام	salle à manger
لتناول الفطور (وجبة الإفطار)	Prendre le petit déjeuner (elle prend le petit déjeuner)
محطة الحافلات	arrêt de bus
الجرس يرن	La sonnerie retentit
الفصول الدراسية	salle de classe
تأخذ مقعدا	s'asseoir
كافتيريا	cantine
الغداء	dejeuner
للقيام بواجبها (تقوم بواجبها)	faire ses devoirs (elle fait ses devoirs)
تغفو	elle s'endort

بعد الظهر	après midi
تضع	poser
وجبة خفيفة	gouter
صندوق الغسيل	Bac à linge
لتخلع ملابسها (تخلع ملابسها)	se déshabiller (elle se déshabille)
للتعلم (تتعلم)	Apprendre (elle apprend)
لم تنته	Inachevé(s)
اليوم السابق / المساء السابق / الليلة السابقة	La veille
هي تأخذ ألين	Elle passe prendre Aline
خريج شاب	Jeune diplômée
ليزلي عاطلة عن العمل	Leslie est au chômage
لقضاء بعض الوقت	Passer du temps
تثرثر مع	Bavarder avec
ماكياج	Maquillage
تغلق الباب	Elle ferme la porte à clé
خوذة دراجة نارية	Casque de moto
هي تبدأ جولتها بالدراجة	Elle démarre la moto
نادلة	Serveuse
هي تعمل بدوام جزئي	Elle travaille à mi temps
الخبز والزبدة	Pain beurré
زي النادل	Tenue de serveuse
زبون منتظم	Client habitué
هو يغازل ليزلي	Il fait la cour à Leslie
بقشيشًا سخية	Généreux pourboire
غير مرتاحة	Gênée
لتناول وجبة خفيفة (تتناول وجبة خفيفة)	Prendre un encas (elle prend un encas)
ليزلي لا تأكل كثيرا	Leslie ne mange pas beaucoup
زيادة الوزن	Grossir
انها جلد على عظم	Elle n'a que la peau sur les os
ملهى ليلي	Boîte de nuit
منهكة	Epuisé(e)

تنام متأخرة	Elle fait la grasse matinée
المعلم	Enseignante
ابق متيقظا لوقت متاخر	Veiller tard
هي تصلح اوراق الامتحان لتلاميذها	Elle corrige les copies d'examen de ses élèves
لا توجد مدرسة	Il n'y a pas école
لديها بعض وقت الفراغ	Elle a du temps libre
روب يعمل في علوم الكمبيوتر	Rob travaille dans l'informatique
طوال الوقت	Tout le temps
الكمبيوتر	Ordinateur
للكتابة (يكتب ...)	Taper (il tape…)
لوحة المفاتيح	Clavier
مدير تكنولوجيا المعلومات	Responsable informatique
روب يعمل ساعات إضافية كثيرة	Rob fait beaucoup d'heures supplémentaires
انه يعمل كثيرا	Il travaille trop
يعمل بكثرة (بيتر يعمل بكثرة)	Se surmener (son père se surmène)

Histoire 4 : La vie d'une famille ordinaire

Aline a treize ans. Elle est une **collégienne**. Elle adore écrire. Sa mère lui offre un **journal intime**. Elle écrit ses **pensées** dans ce journal. **Elle le range** dans son **tiroir**.

Du lundi au vendredi, **Aline se réveille** à six heures trente minutes tous les matins. **Elle prend une douche.** Le mercredi, **elle lave ses cheveux. Elle nettoie ses oreilles. Elle se brosse les dents.** Elle coupe ses **ongles**. Elle sort de la **salle de bain** à six heures quarante-cinq minutes. **Elle se sèche** avec une **serviette. Elle s'habille et met ses chaussures. Elle peigne ses cheveux.** Elle prend son **cartable**. Puis elle sort de sa **chambre**.

A sept heures, elle va dans la **salle à manger. Elle prend le petit déjeuner** avec son père. A sept heure quinze minutes, elle sort de la maison. Elle va à l'**arrêt de bus**. Elle prend le bus. A sept heures quarante-cinq minutes, elle arrive au collège.

La sonnerie retentit à sept heures cinquante minutes. Les étudiants vont dans leur **salle de classe**. Chacun **s'assoit** à sa place. Les cours commencent. La pause est à neuf heures quarante-cinq minutes. Les cours continuent à dix heures. Le matin, les cours finissent à midi.

Aline va à la **cantine**. Elle prend le **déjeuner** avec deux copines. Après le déjeuner, elle va à la bibliothèque de l'école. Elle prend une place. Elle lit, écrit ou **fait ses devoirs.** Parfois, **elle s'endort**.

L'**après-midi**, les cours commencent à treize heures trente minutes. Ils finissent à dix-sept heures. Aline prend le bus pour rentrer. Aline arrive à la maison à dix-huit heures. Elle **pose** son cartable dans sa chambre. Elle descend et prend un **goûter**. Elle prend une pause jusqu'à l'arrivée de sa mère.

La famille dîne vers vingt heures. Puis Aline enlève ses chaussures, **se déshabille** et se lave. Elle met son linge sale dans le **bac à linge**. Elle met son pyjama. Puis **elle apprend** ses leçons et fait ses devoirs.

Elle raconte sa journée dans son journal intime. Vers vingt-et-une heure, elle va dans son lit. Elle lit puis s'endort.

Le samedi, Aline se réveille vers neuf heures trente minutes. Aline est une élève studieuse. Le samedi matin, elle termine ses devoirs **inachevés la veille**. Puis elle apprend ou révise ses leçons.

Le samedi après-midi, Aline suit des cours de danse classique. Sa mère la dépose. Puis **elle passe prendre Annie** à seize heures.

Le dimanche, Annie fait des activités avec sa famille. Ils restent à la maison ou font une sortie.

La grande sœur d'Aline s'appelle Leslie. Elle a vingt-cinq ans. Elle est une **jeune diplômée. Leslie est au chômage**. Elle habite chez ses parents. Elle adore **passer du temps** avec ses amis. Elle aime **bavarder avec** une amie. Elle adore aussi le **maquillage**.

Tous les matins, Leslie se réveille à dix heures. Elle se prépare et sort de la maison. **Elle ferme la porte à clé**. Elle va au garage de la maison. Elle met son **casque de moto**. **Elle démarre la moto** et part.

Leslie a un job temporaire. Elle est **serveuse** dans un petit restaurant. **Elle travaille à mi-temps**. A dix heures vingt minutes, elle arrive au restaurant. Elle se sert du café et mange du **pain beurré**. Puis elle met sa **tenue de serveuse**. Elle commence à travailler.

Quentin est un **client habitué** du restaurant. **Il fait la cour à Leslie**. Tous les jours, Quentin donne un **généreux pourboire** à Leslie. La jeune femme est **gênée**.

A treize heures, elle prend une pause de quinze minutes. **Elle prend un encas** et continue ses services. **Leslie ne mange pas beaucoup**. Elle a peur de **grossir. Elle n'a que la peau sur les os**.

A dix-huit heures, Leslie finit ses services. A dix-huit heures trente minutes, elle rejoint ses amis dans un bar.

Le vendredi soir, Leslie et ses amis sortent en **boîte de nuit**. Elle rentre vers une heure du matin. Parfois, une amie dort chez elle. Le samedi matin, Leslie est **épuisée**. **Elle fait la grasse matinée.** Leslie se réveille vers midi. Elle prend son déjeuner. L'après-midi, elle regarde des séries ou va au cinéma avec ses amis.

La mère de Leslie et d'Annie s'appelle Stephy. Stephy est **enseignante** à l'école primaire. Stephy adore les enfants et elle adore son métier. Tous les soirs, elle prépare les cours à donner aux enfants le lendemain. Après les examens, il lui arrive de **veiller tard. Elle corrige les copies d'examen** de ses élèves. Stephy connaît tous les prénoms de ses élèves. Le mercredi après-midi, **il n'y a pas école. Elle a du temps libre.**

Le mari de Stephy s'appelle Rob. **Rob travaille dans l'informatique.** Rob est un développeur. Il travaille dans un bureau. Il est **tout le temps** assis devant un **ordinateur**. Il **tape** des lignes de code au **clavier**. Rob est aussi responsable de la maintenance des ordinateurs dans son lieu de travail. Il est le **responsable informatique. Rob fait beaucoup d'heures supplémentaires.** Aline trouve qu'**il travaille trop.** Aline a peur que son père **se surmène**.

القصة 5: السفر والسياحة والعطلات

إنه الصيف وهو موسم الأعياد. (نيكولاس) يخطط لرحلة مع عائلته. فذهب إلى وكالة السفر. ورحب به وكيل السفر:
- مرحبا يا سيدي. ماذا يمكنني أن أفعل لك؟
- مرحبا، أود أن شراء تذاكر الطائرة إلى باريس، من فضلك.
- متى ستغادر؟
- الجمعة القادمة.
- كم عدد التذاكر التي تريد شرائها؟
- أحتاج أربع تذاكر طائرة لشخصين بالغين وطفلين.
نيكولاس يحصل على التذاكر ويذهب إلى المنزل. يقوم بإرسال بريداً إلكترونياً إلى (سيد) لتأكيد رحلته. وسيد هو شقيق نيكولاس. سيد يعيش في فرنسا. أطفال نيكولاس -- شانيل وتشارلي -- سعداء. هذه هي المرة الأولى التي يذهبون فيها إلى فرنسا. جيني - زوجة نيكولاس - شكرته. و اعطته قبلة على خده.

الخميس، جيني تعد الأمتعة. نيكولاس يتحقق من جوازات سفر الجميع. ويضع جواز سفره وجوازات سفر الأطفال في حقيبته.

صباح الجمعة، جيني تشتري هدية صغيرة لمارتن. ومارتن هو ابن أخ زوجها. إنه ابن سيد.

في الساعة التاسعة عشرة، (نيكولاس)، (جيني) و(إيفان) - سائقهم - يحمّلون الأمتعة في السيارة. في الساعة التاسعة عشرة والنصف، الجميع يركب في السيارة. ويغادرون إلى المطار. في الساعة الثامنة يصلون إلى موقف السيارات. وفي المطار يضع نيكولاس الأمتعة في عربة.

نيكولاس، جيني، والأطفال يذهبون إلى مكتب التسجيل لتسجيل وصولهم. يتم فحص الركاب والتذاكر. كما يتم وزن الحقائب. ثم يتم إرسال الأمتعة إلى حامل الأمتعة في الطائرة. الجميع يأخذ بطاقة الصعود إلى الطائرة. (نيكولاس) وعائلته يُقدّموا لبوابة صعودهم إلى الطائرة. ويجتازون الجمارك.

ينتظرون وقت الصعود في غرفة الانتظار. في الساعة الثانية والعشرين والنصف، يصعد الركاب على متن الطائرة، تقوم المضيفات بتحية الركاب. تبتسم المضيفة لـ(شانيل) و(تشارلي). و يجلس الجميع في مقعده. يربط الركاب حزام الأمان. ثم تقلع الطائرة.

تصل الطائرة في حوالي الساعة السابعة صباحاً. تهبط الطائرة. ويغادر نيكولاس وعائلته الطائرة. المضيفات يرحبون بهم في فرنسا. نيكولاس وعائلته يأخذون أمتعتهم من مكان

استلامها. و يذهب سيد لأخذ العائلة إلى المطار. إنه سعيد برؤيتهم مرة أخرى. شانيل وتشارلي لا يتذكران عمهما سيد. فيقدم نيكولاس شقيقه لأولاده.

تُحمل الأمتعة في سيارة سيد. وبعد نصف ساعة بالسيارة، يصلون إلى منزل سيد. منزل سيد هو منزل كبير لطيف. ويستمر نيكولاس وعائلته في باريس لمدة أسبوع. **يقيمون مع** سيد خلال إقامتهم في باريس. سينثيا ومارتن قاموا بتحية المسافرين على **عتبة الباب**. سينثيا هي زوجة سيد. ـويرشدونهم الى مكان استراحتهمـ غرفة (نيكولاس) و(جيني) في **الطابق الأول**. وبينما تقع غرفة شانيل وتشارلي **بالقرب** من غرفة والديهما.

تقدم سينثيا وجبة الإفطار. يشرب الأطفال الشوكولاتة الساخنة ويأكلون الكوراسون. يشرب الكبار الشاي ويأكلون خبز الجبن. **شبع الأطفال** وأصبحوا **متعَبين**. يغفو تشارلي على **الأريكة في غرفة المعيشة**. وتأخذه جيني بين ذراعيها إلى غرفته وتضعه على السرير. تقوم جيني بخلع حذاء ابنها. **وتغطيه بملاءة**. شانيل **تتثاءب**. فهي تريد النوم أيضاً. لذا تذهب إلى غرفتها وتنام بالقرب من أخيها.

يأخذ والدهما قيلولة في الغرفة المجاورة. وتأخذ جيني حمام في حوض الاستحمام. تقوم بغسل سينثيا الصحون. و يذهب سيد إلى العمل. مارتن يلعب ألعاب الفيديو.

جيني تنهي حمامها وترتدي فساتين مريح. ثم ترافق (سينثيا) **للقيام بالتسوق**. المرأتان تخبران بعضهما البعض بحياتهما كأمهات وبعد ساعة ونصف، **يعودان إلى المنزل. ليقوموا بطبخ الغداء.**

شانيل وتشارلي يستيقظان. يلعب تشارلي ألعاب الفيديو مع ابن عمه مارتن. و تريد شانيل أيضا أن تلعب معهم. لكن (تشارلي) يرفض ذلك. وتصر شانيل على اللعب ولكن الصبيين لا يرغبون بذلك. شانيل **حزينة**.

خرجت **ومشيت في الفناء** الكبير للمنزل. و رأت **حمام سباحة في** المنزل, فسألت والدتها إذا كانت تستطيع **السباحة**. لكن (جيني) لا تزال **مشغولة**. شانيل لا تستطيع السباحة وحدها **دون إشراف**.

فتذهب شانيل إلى غرفة المعيشة لتشاهد التلفاز. **تتهدت الفتاة الصغيرة. لأنها تشعر بالملل ثم ذهبت إلى النوم مرة أخرى.**

لمدة أسبوع، قام **نيكولاس وعائلته بمشاهدة معالم المدينة** في مدينة باريس.

نيكولاس وعائلته قاموا بشراء **تذاكر القطار** لمدينة مرسيليا. ولكن **لسوء الحظ،** هم متأخرون. **وفقدوا القطار,** فاستقلوا القطار التالي وبعد أربع ساعات، يصلون إلى مرسيليا. وقاموا باستئجار **غرفة عائلية** في فندق. اصبح الأطفال جائعون. فطلب نيكولاس الطعام.

في اليوم التالي، قام نيكولاس وعائلته بزيارة صديقة جيني. واسمها بيا. زوج (بيا) هو (كلود). كلود غائب. لأنه سافر منذ أسبوع. كلود و بيا لديهم طفلان: فتاة وصبي. (مارين) و(ستيفن) في نفس عمر (شانيل) و(تشارلي). بيا، جيني والأطفال ارتدوا **ملابس السباحة** الخاصة بهم. وذهبوا إلى الشاطئ.

بنى مارين وستيفن قلعة رملية. وكان شانيل يراقب مارين وستيفن. **كانوا يتمازحون مع بعضهم البعض** ويستمتعون كثيراً. شانيل وأخوه لا يلعبان معاً أبداً, وعلاقتهما مختلفة جداً عن العلاقة بين (مارين) و(ستيفن). فمارين وستيفن قريبان من بعضهما. ولكن شانيل وتشارلي ليسا مقربين. ستيفن يقترب من شانيل ويتحدث معه:

ـ شانيل، هل تريد أن تلعب معي ومع أختي؟

ـ تريد مني أن ألعب معك؟

ـ **أنت تجلس هنا ولا تفعل شيئا.**

ـ أنا أنظر إليك.

ـ أنت طفل وأنت في إجازة. من المفترض أن تستمتع. أمهاتنا كبيرات في السن لذا يجلسون هناك لا يفعلون شيئاً لأنهم متعبون. إنهم يفضلون الدردشة. تعال انت واستمتع معنا.

ـ حسنا!

شانيل سعيد للعثور على أصدقاء جدد للعب مع.

Vocabulaire

إنه الصيف	C'est l'été
موسم العطلات	Période des vacances
للتخطيط لرحلة (نيكولاس يخطط لرحلة)	Préparer un voyage (Nicolas prépare un voyage)
وكالة اسفار	Agence de voyage
وكيل اسفار	Agent de voyage
لشراء تذاكر الطائرة	Acheter des billets d'avion
الجمعة القادمة	Vendredi prochain
للذهاب إلى المنزل (يذهب إلى المنزل)	Rentrer à la maison (il rentre à la maison)
رحلة	Vol
أعطته قبلة على الخد	Elle lui donne un baiser sur la joue
الأمتعة	Bagages
الاستمرار في	Bagage à main
ابن شقيق بالزواج	Neveu par alliance
لتحميل الأمتعة (حمل نيكولاس وجيني وإيفان الأمتعة)	Charger les bagages (Nicolas, Jenny et Evan chargent les bagages)
سيارة	Voiture
سائق	Chauffeur
عربة	Chariot à bagages
تحقق من العداد	Comptoir d'enregistrement
تحقق من	Enregistrement
حقائب	Valises
تزن	Peser
الأمتعة	Soute
الجميع	Chacun
بطاقة الصعود	Carte d'embarquement
بوابة الصعود	Porte d'embarquement
الجمارك	Douane

الصعود (لوح الركاب)	Embarquer (les passagers embarquent)
مضيفات الطيران	Agent(s) de bord
مضيفة تبتسم	Une hôtesse de l'air sourit
مقعد	Siège
حزام الأمان	Ceinture de sécurité
تقلع	Décoller
الأرض	Attérir
استلام الأمتعة	Carroussel
اقامة	Loger
عتبة الباب	Seuil de la porte
الطابق الاول	Premier étage
قريب	A côté de
قدمت سينثيا الإفطار	Cynthia sert le petit déjeuner
يشرب الأطفال الشوكولاته الساخنة	Les enfants boivent du chocolat chaud
كامل	Rassasié(s)
متعب	Fatigué(s)
الأريكة	Canapé
غرفة المعيشة	Salle de séjour
غطاء	Couvre
ورقة	Drap
تثاؤب	Bâiller
والدهم يأخذ غفوة	Leur père fait la sieste
غرفة مجاورة	Chambre attenante
جيني يأخذ حمام	Jenny prend un bain
حوض الاستحمام	Baignoire
سينثيا يغسل الصحون	Cynthia fait la vaisselle
ذهب سيد إلى العمل	Sid va au travail
مارتن يلعب ألعاب الفيديو	Martin joue au jeu vidéo
يقوم بالتسوق	Faire les courses
يأتون إلى المنزل	Elles reviennent à la maison
يطبخون الغداء	Elles préparent le repas
حزينة	Attristée

تتمشى	Se promener
الفناء	Cour
حمام سباحة	Piscine
السباحة	Nager
مشغول	Occupée
إشراف	Sans surveillance
الفتاة الصغيرة تتنهد	La petite fille soupire
انها تشعر بالملل وتغفو مرة أخرى	Elle s'ennuie et se rendort
اذهب لمشاهدة معالم المدينة (نيكولاس وأسرته يذهبون لمشاهدة معالم المدينة)	Faire du tourisme (Nicolas et sa famille font du tourisme)
تذاكر القطار	Billets de train
لسوء الحظ	Malheureusement
إنهم يفتقدون القطار	Ils ratent le train
غرفة عائلية	Chambre familiale
ملابس السباحة	Maillot de bain
البحرية وستيفن بناء قلعة الرمال	Marine et Steven construisent un château de sable
لإغاظة بعضهم البعض (يضايقون بعضهم البعض)	Se taquiner (ils se taquinent)
أنت جالس لا تفعل شيئًا	Tu restes assise à ne rien faire

Histoire 5 : Voyage, tourisme et vacances

C'est l'été. C'est la **période des vacances**. **Nicolas prépare un voyage** avec sa famille. Il va à l'**agence de voyage**. Un **agent de voyage** l'accueille :

- Bonjour, monsieur. Que puis-je faire pour vous ?
- Bonjour, je voudrais **acheter des billets d'avion** pour Paris, s'il vous plaît.
- Quand partez-vous ?
- **Vendredi prochain**.
- Combien de billets achetez-vous ?
- J'ai besoin de quatre billets d'avion pour deux adultes et deux enfants.

Nicolas obtient les billets et **rentre à la maison**. Il envoie un e-mail à Sid pour confirmer son **vol**. Sid est le frère de Nicolas. Sid habite en France. Les enfants de Nicolas - Chanel et Charlie - sont contents. C'est la première fois qu'ils vont en France. Jenny - la femme de Nicolas - le remercie. **Elle lui donne un baiser sur la joue**.

Jeudi, Jenny prépare les **bagages**. Nicolas vérifie les passeports de tout le monde. Il met son passeport et les passeports des enfants dans son **bagage à main**.

Vendredi matin, Jenny achète un petit cadeau pour Martin. Martin est son **neveu par alliance.** Il est le fils de Sid.

A dix-neuf heures, **Nicolas, Jenny et Evan** - leur **chauffeur** - **chargent les bagages** dans la **voiture**. A dix-neuf heures trente minutes, tout le monde monte dans la voiture. Ils partent pour l'aéroport. A vingt heures, ils arrivent dans le parking de l'aéroport. Nicolas met les bagages dans un **chariot à bagages**.

Nicolas, Jenny et les enfants vont au **comptoir d'enregistrement** pour faire l'**enregistrement**. Les passeports et les billets sont vérifiés. Les **valises** sont **pesées**. Puis les bagages sont envoyés dans la **soute** de l'avion. **Chacun** prend sa **carte d'embarquement**. Nicolas et sa famille se dirigent vers leur **porte d'embarquement**. Ils passent la **douane**.

Ils attendent l'heure d'embarquement dans la salle d'attente. A vingt-deux heures trente minutes, **les passagers embarquent**. Dans l'avion, des **agents de bord** accueillent les passagers. Une **hôtesse de l'air**

sourit à Chanel et à Charlie. Chacun s'assoit sur son **siège**. Les passagers attachent leur **ceinture de sécurité**. L'avion **décolle**.

L'avion arrive à destination vers sept heures du matin. L'avion **atterrit**. Nicolas et sa famille sortent de l'avion. Les agents de bord leur souhaitent la bienvenue en France. Nicolas et sa famille prennent leurs bagages sur le **carrousel**. Sid passe prendre la famille à l'aéroport. Il est content de les revoir. Chanel et Charlie ne se souviennent pas de leur oncle Sid. Nicolas présente son frère à ses enfants.

Les bagages sont chargés dans la voiture de Sid. Après une demi-heure de route, ils arrivent chez Sid. La maison de Sid est une belle grande maison. Nicolas et sa famille restent à Paris pendant une semaine. Ils **logent** chez Sid pendant leur séjour à Paris. Cynthia et Martin accueillent les voyageurs au **seuil de la porte**. Cynthia est la femme de Sid. La chambre de Nicolas et de Jenny est au **premier étage**. La chambre de Chanel et de Charlie se trouve **à côté de** la chambre de leurs parents.

Cynthia sert le petit déjeuner. Les enfants boivent du chocolat chaud et mangent des croissants. Les adultes boivent du thé et mangent du pain au fromage. Les enfants sont **rassasiés**. Et ils sont **fatigués**. Charlie s'endort sur le **canapé** de la **salle de séjour**. Jenny le prend dans ses bras. Elle l'emmène dans sa chambre. Elle le pose sur le lit. Jenny enlève les chaussures de son fils. Elle le **couvre** d'un **drap**. Chanel bâille. Elle a aussi envie de dormir. Elle monte dans sa chambre et dort près de son frère.

Leur père fait la sieste dans la **chambre attenante. Jenny prend un bain** dans la **baignoire. Cynthia fait la vaisselle. Sid va au travail. Martin joue aux jeux vidéo.**

Jenny finit son bain et s'habille confortablement. Puis elle accompagne Cynthia pour **faire les courses**. Les deux femmes se racontent leur vie de mère de famille. Une heure et demie plus tard, **elles reviennent à la maison. Elles préparent le repas.**

Chanel et Charlie se réveillent. Charlie joue aux jeux vidéo avec son cousin Martin. Chanel veut aussi jouer avec eux. Mais Charlie refuse de la faire jouer. Chanel insiste mais les deux garçons l'ignorent. Chanel est **attristée**.

Elle sort et **se promène** dans la grande **cour** de la maison. Elle voit la **piscine** de la maison. Elle demande à sa mère si elle peut **nager**. Mais

Jenny est encore **occupée**. Chanel ne peut pas nager seule **sans surveillance**.

Chanel va dans la salle de séjour. Elle regarde la télévision. **La petite fille soupire. Elle s'ennuie et se rendort** sur le sofa.

Pendant une semaine, **Nicolas et sa famille font du tourisme** dans la ville de Paris.

Nicolas et sa famille achètent des **billets de train** pour la ville de Marseille. **Malheureusement**, ils sont en retard. **Ils ratent le train**. Ils prennent le train suivant. Quatre heures plus tard, ils arrivent à Marseille. Ils louent une **chambre familiale** dans un hôtel. Les enfants ont faim. Nicolas commande à manger.

Le lendemain, Nicolas et sa famille rendent visite à une amie de Jenny. Elle s'appelle Bea. Le mari de Bea s'appelle Claude. Claude est absent. Il est en voyage depuis une semaine. Claude et Bea ont deux enfants : une fille et un garçon. Marine et Steven ont à peu près le même âge que Chanel et Charlie. Bea, Jenny et les enfants mettent leur **maillot de bain**. Ils vont à la plage.

Marine et Steven construisent un château de sable. Chanel observe Marine et Steven. **Ils se taquinent** et s'amusent beaucoup. Chanel et son frère ne jouent jamais ensemble. Leur relation est tellement différente de la relation entre Marine et Steven. Marine et Steven sont proches. Chanel et Charlie ne sont pas proches. Steven s'approche de Chanel et lui parle :

- Chanel, veux-tu jouer avec ma sœur et moi ?
- Vous voulez que je joue avec vous ?
- **Tu restes assise à ne rien faire**.
- Je vous regarde.
- Tu es une enfant et tu es en vacances. Tu es supposée t'amuser. Nos mamans sont vieilles. Elles, elles restent assises à ne rien faire parce qu'elles sont fatiguées. Elles préfèrent bavarder. Viens te divertir avec nous.
- D'accord !

Chanel est heureuse de trouver de nouveaux amis avec qui jouer

تعمل جوليا **كخادمة** في منزل كل صباح، من الاثنين إلى السبت، تبدأ العمل في السابعة والنصف. حيث تُعد فطور العائلة وتضع الماء في **قدر وتضيء موقد الغاز لتسخين** الماء، وتشتري الخبز والكعك عند عودتها، **الماء يغلي** حيث تصنع جوليا الشاي ثم تضع الشاي في الترمس وتقوم بتسخين **الحليب.**

تقوم جوليا بإعداد المائدة. ووضع الأرغفة والزبدة **والسكر** وجرة **المربى** والكعك والشاي والحليب وسلة **فاكهة** على الطاولة. **تحتوي سلة الفاكهة** على الموز **والعنب والتفاح.** ثم تقوم بوضع **الصحون** على الطاولة, تضع الأكواب على الصحون ثم **المناديل** بالقرب من الأكواب. ثم تضع **الملاعق والشوك والسكاكين** على المناديل. و تقدم وجبة الإفطار.

تتناول العائلة الفطور. ثم يذهب البالغون إلى العمل، ويذهب الأطفال إلى المدرسة، ويتوجه الشباب للدراسة. **فتقوم جوليا بتنظيف المائدة** وكذلك الأطباق.

تقوم جوليا بالتسوق حيث تشتري الخيار والطماطم والخل و **الثوم** والذرة **والزيت واللحوم الباردة** والجبن والليمون والمعكرونة **والملح.** تقوم جوليا بتقطيع الجبن واللحوم الباردة **والخضروات** في مكعبات صغيرة. **وتقطع الثوم** لتطبخ المعكرونة. انها تعد صلصة الفيناجريت. ثم **تمزج** كل شيء في **وعاء السلطة.** وتضع سلطة المعكرونة في **الثلاجة.** وتقوم بصنع **عصير الليمون** ثم تضعه في الثلاجة.

تنظف أرضية الغرف في المنزل **بالمكنسة العادية** ثم باستخدام **المكنسة الكهربائية. وتنفض** الغبار عن **الأثاث. ترتب السرير** في غرفة الأطفال. وتغسل **الحوض** وحوض الاستحمام ومرآة الحمام والمرحاض. وتغسل **البلاط وتروي النباتات,** وتغسل أجزاء **نافذة المنزل.** ثم تغسل (جوليا) يديها.

في الحادية عشرة والنصف، **تحضّر جوليا الطاولة.** ويصل الأطفال إلى المنزل حوالي الظهر. يأكلون سلطة المعكرونة التي أعدتها جوليا. ثم يعودون إلى المدرسة. تقوم جوليا بمسح الطاولة و غسل الصحون.

في فترة ما بعد الظهر، تقوم **جوليا بوضع الغسيل في الغسالة.** ثم تنشره. **وتكوي الملابس الجافة,** و تعود إلى المنزل في الساعة الرابعة.

جوليا **أرملة** لسنوات وهي ليست متزوجة، وليس لديها أطفال. لكن لديها ابنة أخت اسمها كاثي. وكاثي تعيش مع جوليا. كاثي يتيمة منذ أن كانت مراهقة وهي فتاة ساحرة وذكية ولطيفة وتحب جوليا كأم. فالاثنتان قريبتان جداً.

كاثي تعمل **كسكرتيرة تنفيذية**. من الاثنين إلى الجمعة، تستيقظ في السادسة والنصف. وتستعد لتصل إلى العمل في الساعة 75. رئيسها -- جورج -- يصل دائما إلى **المكتب** حوالي الساعة التاسعة والنصف في الصباح. جورج هو **مدير** الشركة. عندما يصل إلى المكتب، تُعد كاثي القهوة له. وأحياناً يأكل (جورج) الكعك مع قهوته.

ثم تذكره كاثي بالمهام التي يتعين القيام بها خلال اليوم. كاثي تخطط للمهام. و تنظم الاجتماعات. و **تدون الملاحظات** خلال **اجتماعات** جورج مع الزملاء أو الشركاء لدى الشركة. ثم **تكتب تقرير** الاجتماعات. وعندما يذهب جورج في **رحلة عمل، يسجل** الاجتماعات من خلال هاتفه الذكي. ثم يرسل جورج الملفات الصوتية عن طريق **البريد الإلكتروني**. فتستقبلهم كاثي ثم تقوم بتدوين **الملفات** حيث تستمع إلى الاجتماعات وتكتب التقارير.

كما تجيب كاثي على **المكالمات الهاتفية** وتقوم بتسجيل أسماء ورسائل الأشخاص المتصلين. كما انها تجري أيضا الاتصالات بالعملاء.

كاثي هي المسؤولة عن جميع المهام الإدارية. وجورج راض عن خدمات كاثي. فهي مسؤولة جادة وماهرة ولديها **مهارات استماع** كبيرة. تحصل في كثير من الأحيان على **مكافأة** لجودة عملها. وبعد عامين من الخدمة في الشركة، تحصل كاثي على **زيادة في الأجور.**

للاحتفال بترقيتها، قامت كاثي بدعوة عمتها جوليا لتناول العشاء في المطعم. كما اشترت أيضا **الكعب الجديد وفستان سهرة** جميلة. شكرتهاجوليا على كرمها. و في الأسبوع التالي، أعدت جوليا الطبق المفضل لكاثي لشكرها. وتمنت لها جوليا كل النجاح في حياتها المهنية.

اسم شقيق جورج هو جيرارد. جيرارد طبيب يستيقظ كل صباح **مبكراً** ليستعد ويغادر للعمل. جيرارد لديه **مكتبه الطبي. يقوم بفحص** المرضى و يكتب **التقارير.**و يدفع المرضى رسوم الاستشارة الطبية.

المرضى يشترون الأدوية من **الصيدلية.**

ليلي **ممرضة** تقوم بمساعدة الدكتور جيرارد.

Vocabulaire

التجارة (الوظائف)	Métier(s)
عاملة نظافة	Femme de chambre
قدر	Casserole
موقد غاز	Réchaud à gaz
يسخن	Faire chauffer
المياه تغلي	L'eau bout
حليب	Lait
جوليا تنظم الطاولة	Julia dresse la table
السكر	Sucre
مربى	Confiture
تحتوي (تحتوي سلة الفاكهة ...)	Contenir (le panier de fruits contient…)
عنب	Raisins
تفاحة / تفاح	Pomme(s)
الصحن	Sous tasse(s)
كأس / كؤوس	Tasses
منديل	Serviette(s) de table
ملاعق	Cuillères cuillers
شوك	Fourchettes
سكاكين / سكين	Couteaux/couteau
جوليا تنظف الطاولة	Julia débarasse la table
القرنفل والثوم	Gousse d'ail
الزيت	Huile
لحم	Viande
لحمة باردة	Charcuterie
ملح	Sel
خضروات)	Légume(s)
انها تقطع الثوم	Elle hache la gousse d'ail
تخلط (يمزج جوليا ...)	Mélanger (Julia mélange…)

صحن سلطة	Saladier
ثلاجة	Réfrigérateur
عصير ليمون	Jus de citron
لينظف (تنظف)	Nettoyer (elle nettoie)
أرضية	Plancher
غرف (غرف)	Pièce(s)
مكنسة عادية	Balai
مكنسة كهربائية	Elle passe l'aspirateur
ينفض التراب (ينفض الغبار ...)	Épousseter (elle époussette…)
أثاث المنزل	Meubles
انها ترتب السرير	Elle fait le lit
يغسل	Lavabo
البلاط)	Carreau(x)
المعهد الموسيقي	Veranda
انها تسقي الزهور	Elle arrose les plantes
جزء (أجزاء) النافذة	Vitres des fenêtres
جوليا تنظم الطاولة	Julia met le couvert
للقيام بالغسيل (تغسل)	Lave le linge (Julia lave le linge)
غسالة	Machine à laver
تنشر الغسيل	Elle étend le linge
تكوي	Elle repasse
جاف	Sec(s)
أرملة	Veuve
سكرتير تنفيذي مساعد	Secrétaire de direction
مكتب	Bureau
مدير	Directeur
هي تدون الملاحظات	Elle prend des notes
الاجتماع (الاجتماعات)	Réunion(s)
تكتب	Elle rédige
تقرير	Compte rendu
رحلة عمل	Voyage d'affaires
انه يسجل	Il enregistre

البريد الإلكتروني	Courrier électronique
ملف (ملفات)	Fichier(s)
اتصالات هاتفية	Appel(s) téléphonique(s)
مهرات الأصغاء	Capacité d'écoute
علاوة	Prime
مع	Au sein de
يدفع تبرعات	Augmentation de salaire
الكعب	Escarpins
فستان السهرة	Robe de soirée
مبكرا	De bonne heure
مكتب طبي	Cabinet médical
لفحص (هو يفحص ...)	Ausculter (il ausculte…)
وصفة طبية	Ordonnance
رسوم	Frais
مقابل	Pharmacie
ممرضة	Infirmière

Histoire 6 : Les métiers

Julia travaille comme **femme de chambre** dans une maison. Tous les matins, du lundi au samedi, elle commence son travail à sept heures trente minutes. Elle prépare le petit déjeuner de la famille. Elle met de l'eau dans une **casserole**. Elle allume le **réchaud à gaz** pour **faire chauffer** l'eau. Elle achète du pain et des brioches. A son retour, **l'eau bout**. Julia fait du thé. Puis elle met le thé dans un thermos. Elle chauffe du **lait**.

Julia dresse la table. Elle met les pains, le beurre, le **sucre**, un pot de **confiture**, les brioches, le thé, le lait, et un **panier de fruits** sur la table. **Le panier de fruits contient** des bananes, des **raisins** et des **pommes**. Elle place les **sous-tasses** sur la table. Elle met les **tasses** sur les sous-tasses. Elle place les **serviettes de table** près des tasses. Puis elle place les petites **cuillères**, les **fourchettes** et les **couteaux** sur les serviettes de table. Le petit déjeuner est servi.

La famille prend le petit déjeuner. Les adultes vont travailler, les enfants vont à l'école et les jeunes vont étudier. **Julia débarrasse la table** et fait la vaisselle.

Julia fait les courses. Elle achète du concombre, des tomates, du vinaigre, une **gousse d'ail**, du maïs, de l'**huile**, de la **charcuterie**, du fromage, du citron, des pâtes et du **sel**. Julia coupe le fromage, les charcuteries, et **légumes** en petits cubes. Elle **hache la gousse d'ail**. Elle cuit les pâtes. Elle prépare une sauce vinaigrette. **Julia mélange** le tout dans un **saladier**. Elle met la salade de pâtes dans le **réfrigérateur**. Julia fait du **jus de citron**. Elle met le jus dans le réfrigérateur.

Elle nettoie le **plancher** des **pièces** de la maison avec un **balai**. Puis **elle passe l'aspirateur. Elle époussette** les **meubles. Elle fait le lit** dans la chambre d'enfant. Elle lave le **lavabo**, la baignoire et le miroir de la douche. Elle lave les toilettes. Elle lave les **carreaux** de la **véranda. Elle arrose les plantes** et lave les **vitres des fenêtres** de la maison. Puis Julia se lave les mains.

A onze heures trente minutes, **Julia met le couvert.** Les enfants arrivent à la maison vers midi. Ils mangent la salade de pâtes préparée par Julia. Puis ils retournent à l'école. Julia débarrasse la table et fait la vaisselle.

L'après-midi, **Julia lave le linge** sale avec la **machine à laver.** Puis **elle étend le linge. Elle repasse** les vêtements **secs.** Julia rentre chez elle vers seize heures.

Julia est **veuve** depuis des années. Elle n'est pas mariée et elle n'a pas d'enfants. Mais elle a une nièce. Elle s'appelle Cathy. Cathy habite avec Julia. Cathy est orpheline depuis son adolescence. Elle est charmante, intelligente et gentille. Elle aime Julia comme une mère. Les deux femmes sont très proches.

Cathy travaille comme **secrétaire de direction**. Du lundi au vendredi, elle se réveille à six heures trente minutes. Elle se prépare et arrive au travail à sept heures cinquante minutes. Son patron - George - arrive toujours au **bureau** vers neuf heures trente minutes du matin. George est le **directeur** de la société. A son arrivée au bureau, Cathy lui prépare du café. Parfois, George mange un muffin avec son café.

Puis Cathy lui rappelle les tâches à faire pendant la journée. Cathy planifie les tâches. Elle organise les réunions. **Elle prend des notes** pendant les **réunions** de George avec les collègues ou les partenaires de la société. Puis **elle rédige** le **compte-rendu** des réunions. Quand George part en **voyage d'affaires, il enregistre** les réunions avec son smartphone. George envoie les fichiers audio par **courrier électronique.** Cathy les reçoit. Puis elle fait la transcription des **fichiers**. Elle écoute les réunions et rédige les rapports.

Cathy répond aux **appels téléphoniques**. Elle enregistre le nom et les messages les personnes qui appellent. Cathy contacte aussi les clients.

Cathy est responsable de toutes les tâches administratives. George est satisfait par les services de Cathy. Cathy est responsable, sérieuse, habile et a une grande **capacité d'écoute**. Elle obtient fréquemment une **prime** pour la qualité de son travail. Après deux ans de service **au sein de** la société, Cathy obtient une **augmentation de salaire**.

Pour fêter son augmentation, Cathy invite sa tante Julia à dîner au restaurant. Cathy lui achète aussi de nouveaux **escarpins** et une belle **robe de soirée**. Julia la remercie de sa générosité. La semaine suivante, Julia prépare le plat préféré de Cathy pour la remercier. Julia lui souhaite beaucoup de succès dans sa carrière.

Le frère de George s'appelle Gerard. Gerard est médecin. Tous les matins, il se réveille **de bonne heure**. Il se prépare et part travailler. Gerard a son propre **cabinet médical**. **Il ausculte** les patients. Il écrit l'**ordonnance**. Les patients paient le **frais** de consultation médicale.

Les patients achètent les médicaments à la **pharmacie**.

Lilly est **infirmière**. Elle assiste le docteur Gerard.

قصة 7: حفل زفاف

آدم وباربرا معا لمدة ست سنوات. في عيد ميلاد باربرا، يدعوها آدم لتناول العشاء في منزله. وفي **نهاية العشاء، طلب آدم يدها. تمت خطبة كلا من (باربرا) و(آدم) وقامت باربرا بإخبار** عائلتها.

استعدا آدم وباربرا **لزفافهما، وحددوا موعداً لحفل الزفاف:** وقاموا بإختيار يوم الذكرى السنوية **لاجتماعهم الأول.** قام آدم وباربرا بحساب ميزانية الزفاف. **فهم يريدون أن يكون كل شيء مثالياً في يومهم الكبير.**

أعدَّ آدم وباربرا قائمة الاستعدادات لحفل الزفاف:
- **ثوب الزفاف.**
- **تسريحة الشعر** وإكسسوارات العروس: **الحجاب** والأحذية والمكياج والمجوهرات للعروس.
- بدلة العريس.
- **خواتم الزفاف.**
- **منظم الزفاف**
- **شهود زفاف** العروس وشهود العريس
- **فساتين وصيفات الشرف**
- أزياء السّابة
- **قائمة الضيوف**
- **بطاقات الدعوة**
- النقل
- **باقة العروس والزهور**
- **حفل الزفاف**
- زخرفة الكنيسة
- **إفطار الزفاف**
- **المشروبات**
- **كعكة الزفاف**
- **تمثال الزوجين**
- قاعة الاستقبال
- **ديكور الغرفة**
- مخطط الجلوس
- الأوركسترا وفارس الأسطوانات للرسوم المتحركة
- الأغنية الافتتاحية
- الرقصة الافتتاحية
- المصور والمصور السينمائي

بدأ آدم وباربرا **الاستعدادات قبل الزفاف.** استأجرت باربرا سوزي كمنظمة للزفاف.

قام الخياط بإعداد فستان الزفاف لباربرا. الخياط هو بروك، وباربرا تبين له موديل الفستان.

يطلب آدم من ابن عمه ريتشارد أن يكون شاهده. السّابة هم أخ (آدم) الصغير وابن عمّه الصغير, بينما وصيفات الشرف هما شقيقتا (باربرا) الصغيرتان (أديلين), عمة (باربرا) هي شاهدة زفافها.

تكتب باربرا نص الدعوة لحفل الزفاف:

"يسر آدم وباربرا أن يدعواك إلى حفل زفافهما يوم السبت 21 فبراير 2009 في الساعة 11 صباحًا في كنيسة القديس يوحنا. كما يسرنا أن ندعوكم لتناول الغداء في إسباس دي كولومبس بعد الحفل.

شكرا لكم و يرجى تأكيد حضوركم قبل 15 فبراير."

قامت باربرا بإعطاء النص لسوزي. **فطبعت (سوزي) إعلان الزفاف.** وكتبت أسماء الضيوف على بطاقات الدعوة. وأرسلتها **(باربرا) إلى الضيوف.**

أخذ آدم وباربرا دروس الرقص لحفل زفافهما.

وفي يوم زفافها، استيقظت باربرا في السادسة صباحاً. **وأخذت حمامًا جميلاً.** ووصل كلا من الماكير **ومصففة الشعر** إلى منزلها.
خرجت باربرا من حمامها وجففت نفسها. واستعدت لترتدي فستانها الأبيض. وبدأ الماكير في الماكياج. ورتبت مصففة الشعر شعرها. وارتدت باربرا قلادتها **وأقراطها.**

في الساعة التاسعة, أصبحت باربرا مستعدة. قام المصور بإلتقاط صورا للعروس الجميلة. وجاءت عربة العروس باربرا في التاسعة والنصف. ثم وصلت إلى **الكنيسة** في العاشرة والنصف. وملأ الضيوف **مقاعد** الكنيسة **شيئاً فشيئاً.**

في العاشرة والخمسين دقيقة، **وقف** آدم أمام **المذبح.** وفي الساعة الحادية عشرة، قام عازف الأرغن بعزف اللحن. يدخل السّابة ووصيفات الشرف. ثم ينهض الجمهور. يدخل والد العروس ليرافقها إلى المذبح. وتنضم باربرا إلى زوجها المستقبلي أمام المذبح. ثم جلس الجمهور. وبدأ الكاهن المراسم.

اصبح كلا من آدم وباربرا الآن زوج وزوجة. قام عازف الأرغن **بمسيرة الزفاف.** وغادر المتزوجان الكنيسة وقام الضيوف بتهنئتهم.

يصل **العروسان الجديدان** والضيوف إلى إسباس دي كولومبس حوالي الثانية عشرة والنصف. توجه الضيوف إلى مقاعد الجلوس وجلسوا. وبدأ آدم وباربرا الرقص على الأغنية الافتتاحية لحفل زفافهما. ثم تم تشغيل الأغنية الافتتاحية للمرة الثانية. ورقص الضيوف مع العروس والعريس.

وفي حوالي الساعة الرابعة، قام العروس والعريس بقطع الكعكة. وفتح **زجاجة شمبانيا** للضيوف, والتقط آدم وباربرا الصور مع مجموعات الضيوف.

وفي الخامسة والنصف، **القى العروس باقة الورد**. وامسكت عمة آدم بالباقة. قدم الضيوف هدايا الزفاف للعروسين. و انتهت الحفلة حوالي الساعة السابعة. تمنى الضيوف حياة زوجية جيدة وسعيدة لباربرا وآدم. وقضى الزوجان ليلة زفافهم في غرفة فندقية. وبدأوا مرحلة جديدة في حياتهم.

في اليوم التالي، ذهبوا لقضاء **شهر العسل**. واستقلوا الطائرة إلى **موريشيوس**. واستأجروا **جناح زفافهم في فندق فاخر.**
أصبحت (باربرا) مسمرة على الشاطئ. كانت تغفو بينما يسبح آدم في البحر.

ثم يلتقي الزوجان الجديدان بزوجين آخرين: ميشيل وجيسيكا. ميشيل وجيسيكا أيضا في شهر العسل. وجيسيكا هي زميلة قديمة لباربرا. ويعيش الزوجان في نفس الفندق. **تعرف مايكل وآدم على بعضهم البعض.** وقد تشارك كلا من جيسيكا وباربرا ذكريات الكلية.

في المساء، تناول الزوجان العشاء معاً. **وقضوا وقتًا ممتعًا.**

Vocabulaire

آدم و باربرا في علاقة منذ ست سنوات	Adam et Barbara sont ensemble depuis six ans
النهاية	Fin
آدم يطلب منها يدها	Adam lui demande sa main
باربرا وآدم تزوجا	Barbara et Adam se fiancent
يذيع الأخبار (بربارة تذيع الأخبار)	Annoncer la nouvelle (Barbara annonce la nouvelle)
حفل زواج	Mariage
يضعون طاولة	Ils fixent une date
أول لقاء	Première rencontre
انهم يريدون كل شيء ليكون مثاليا في يوم زواجهم	Ils veulent que tout soit parfait pour leur grand jour
ثوب الزفاف	Robe de mariée
تسريحه شعر	Coiffure
حجاب	Voile
مجوهرات	Bijoux
بدلة	Costume
خواتم الزفاف	Alliances
منظم حفلات الزفاف	Organisateur de mariage
شهود العرس	Témoins du mariage
وصيفات الشرف	Demoiselles d'honneur
العريس / رفقاء العريس	Garçon d'honneur/garçons d'honneur
قائمة الضيوف	La liste des invités
بطاقات دعوة	Carton(s) d'invitation
باقة العروس	Bouquet de la mariée
زهور	Fleurs
حفل الزفاف	Cérémonie du mariage
إفطار الزفاف	Repas de mariage
مشروبات	Boissons
كعكة الزفاف	Gâteau de mariage

التماثيل للزوجين	Figurine des mariés
صالة استقبال	Salle de réception
الرسم البياني للجلوس	Plan de table
الاستعدادات قبل الزفاف	Préparatifs avant le mariage
خياط يعد فستان الزفاف	Une couturière confectionne la robe de mariée
طباعة	Imprimer
إعلان الزفاف	Faire part
ضيوف	Convives
انها تأخذ حمام لطيف	Elle prend un bon bain
خبيرة تجميل	Maquilleuse
حلاق	Coiffeuse
الأقراط	Boucles d'oreilles
كنيسة	Eglise
المقاعد	Banc(s)
شيأ فشيأ	Petit à petit
يقف	Debout
مذبح	Autel
مسيرة الزفاف	La marche nuptiale
العروسان الجديدان	Les jeunes mariés
زجاجة شمبانيا	Une bouteille de champagne
العروس يلقي باقة ورد	La mariée lance le bouquet
ليلة الزفاف	Nuit de noces
خطوة	Etape
شهر العسل	Lune de miel
موريشيوس	île Maurice
جناح فندقي خاص بالعروسين لقضاء شهر العسل	Suite nuptiale
فندق فخم	Hôtel de luxe
لون البشرة	Bronzer
شاطئ بحر	Plage
آدم يسبح في البحر	Adam se baigne dans la mer
يتعرف ميشيل وآدم على بعضهما البعض	Michel et Adam font connaissance

قضيا وقتا طيبا   Ils passent une bonne soirée

Histoire 7 : Mariage

Adam et Barbara sont ensemble depuis six ans. Le jour de l'anniversaire de Barbara, Adam l'invite à dîner chez lui. A la **fin** du dîner, **Adam lui demande sa main. Barbara et Adam se fiancent. Barbara annonce la nouvelle** à sa famille.

Adam et Barbara préparent leur **mariage. Ils fixent une date** pour la cérémonie du **mariage** : ils choisissent le jour de l'anniversaire de leur **première rencontre.** Adam et Barbara calculent le budget du mariage. **Ils veulent que tout soit parfait pour leur grand jour.**

Adam et Barbara dressent la liste des préparatifs pour le mariage :

- La **robe de mariée**
- La **coiffure** et les accessoires de la mariée : la **voile**, les chaussures, le maquillage et les **bijoux** de la mariée
- Le **costume** du marié
- Les **alliances**
- L'**organisateur de mariage**
- Les **témoins** de la mariée et les témoins du marié
- Les robes des **demoiselles d'honneur**
- Les costumes des **garçons d'honneur**
- La **liste des invités**
- Les **cartons d'invitation**
- Le transport
- Le **bouquet de la mariée** et les **fleurs**
- La **cérémonie du mariage**
- La décoration de la chapelle
- Le **repas de mariage**
- Les **boissons**
- Le **gâteau de mariage**
- La **figurine des mariés**
- La **salle de réception**
- La décoration de la salle
- Le **plan de table**
- L'orchestre et le disc-jockey pour l'animation
- La chanson d'ouverture

- La danse d'ouverture
- Le photographe et le cameraman

Adam et Barbara commencent les **préparatifs avant le mariage**. Barbara engage Suzie comme organisatrice de mariage.

Une couturière confectionne la robe de mariée de Barbara. La couturière s'appelle Brooke. Barbara lui montre le modèle de la robe. Adam demande à son cousin Richard d'être son témoin. Les garçons d'honneur sont le petit frère et le petit cousin d'Adam. Les demoiselles d'honneur sont les deux petites sœurs de Barbara. Adeline - la tante de Barbara - est son témoin de mariage.

Barbara rédige le texte d'invitation pour le mariage :

« Adam et Barbara sont heureux de vous inviter à leur cérémonie de mariage, le samedi 21 février 2009 à 11 heures à la chapelle Saint-Jean. Nous avons le plaisir de vous convier au déjeuner à l'Espace des Colombes après la cérémonie.

Merci de confirmer votre présence avant le 15 février. »

Barbara donne le texte à Suzie. Suzie fait **imprimer** les **faire-part** de mariage. Suzie écrit les noms des invités sur les cartons d'invitation. Barbara envoie les invitations aux **convives**.

Adam et Barbara prennent des cours de danse pour leur mariage.

Le jour de son mariage, Barbara se réveille à six heures du matin. **Elle prend un bon bain.** La **maquilleuse** et la **coiffeuse** arrivent chez elle. Barbara sort de son bain et se sèche. Elle se prépare. Elle met sa robe blanche. La maquilleuse commence à la maquiller. La coiffeuse arrange ses cheveux. Barbara met son collier et ses **boucles d'oreilles**. A neuf heures, Barbara est prête. Le photographe prend des photos de la belle mariée. La voiture de la mariée passe prendre Barbara à neuf heures trente minutes. Elle arrive à l'**église** à dix heures trente minutes. Les invités remplissent les **bancs** de l'église **petit à petit**.

A dix heures cinquante minutes, Adam est **debout** devant l'**autel**. A onze heures, l'organiste joue une mélodie. Les garçons d'honneur et les demoiselles d'honneur font leur entrée. Puis l'assistance se lève. La mariée fait son entrée. Son père l'accompagne vers l'autel. Barbara rejoint son futur mari devant l'autel. L'assistance se rassoit. Le prêtre commence la cérémonie.

Adam et Barbara sont désormais mari et femme. L'organiste joue **la marche nuptiale**. Les nouveaux mariés sortent de l'église. Les invités les félicitent.

Les jeunes mariés et les invités arrivent à l'Espace des Colombes vers douze heures trente minutes. Les invités regardent le plan de table et s'assoient. Adam et Barbara dansent sur la chanson d'ouverture de leur mariage. La chanson d'ouverture est jouée une deuxième fois. Les invités dansent avec les mariés.

Vers seize heures, les mariés coupent le gâteau. On ouvre une **bouteille de champagne**. Les invités applaudissent. Adam et Barbara prennent des photos avec les groupes d'invités.

Vers dix-sept heures trente minutes, **la mariée lance le bouquet**. Une tante d'Adam attrape le bouquet. Les invités donnent les cadeaux de mariage aux jeunes mariés. La fête se termine vers dix-neuf heures. Les convives souhaitent une bonne et heureuse vie maritale à Barbara et à Adam. Les jeunes mariés passent leur **nuit de noces** dans une chambre d'hôtel. Ils commencent une nouvelle **étape** de leur vie.

Le lendemain, ils partent en **lune de miel**. Ils prennent l'avion pour l'**île Maurice**. Ils louent la **suite nuptiale** d'un **hôtel de luxe**.

Barbara se **bronze** sur la **plage**. Elle s'endort. **Adam se baigne dans la mer**.

Les jeunes mariés rencontrent un autre couple : Michel et Jessica. Michel et Jessica sont aussi en lune de miel. Jessica est une ancienne camarade de classe de Barbara. Les deux couples logent dans le même hôtel. **Michel et Adam font connaissance**. Jessica et Barbara se racontent des souvenirs du collège.

Le soir, les deux couples dînent ensemble. **Ils passent une bonne soirée**.

القصة 8: المراسلون

معلمة (جودي) الفرنسية تعطيها **تفاصيل** لفتاة صغيرة. هذه الفتاة تعيش في الخارج واسمها فابيان. جودي ارسل لها الرسالة الأولى:

"مرسيليا، 14 يناير 2002

مرحبا فابيان،

اسمي جودي. وأود أن أراسلك. أنا فتاة في الثامنة عشرة من العمر. أعيش في فرنسا. وأود أن ألتقي بك.

جودي لاروش"

وبعد بضعة أيام، تتلقى جودي جوابا من فابيان.

أنتاناناريفو، 22 يناير/كانون الثاني 2002

مرحبا جودي،

لقد استلمت رسالتك **وأنا سعيد جدا لمقابلتك**. وأنا سعيد لكوني مراسلتك أتمنى لكم سنة جديدة سعيدة. اسمحي لي أن أقدم لنفسي، اسمي فابيان وأنا في التاسعة عشرة من العمر. **أنا طالبة في كلية الآداب**. أدرس **اللغة الإنجليزية في الجامعة**. **وفي المرة القادمة، سأكتب رسالة أطول لانني يجب أن أذهب إلى الصف.**

اتطلع إلى قراءة ردك،

(فابيان) صديقتك الجديدة

"مرسيليا في 1 فبراير 2002

مرحبا فابيان،

رسالتك تعطيني البهجة. فشكرًا لك. **تبدين كفتاة رائعة**. اسمحي لي أن أقدم لنفسي. كما تعلمين، اسمي جودي. أنا في الصف الأول في المدرسة الثانوية. وأنا أعيش مع والديّ. ولدي أخ كبير. اسمه دينيس ونحن قريبون جدا. (دينيس) تخرج من المدرسة الثانوية العام الماضي. أنا لا أعرف ما هو **مجال الدراسة** انه سيختاره. في هذه اللحظة، انه **يأخذ دروس الطبخ**. وهو موهوب. **دينيس طباخ جيد** ونحب أن نطبخ الأطباق معاً. إنه أخي الذي يُعد الوجبة في المنزل وأنا أساعده. وأنت، هل لديك إخوة وأخوات؟ هل أنت قريب منهم؟

نهارك سعيد

"جودي"

"أنتاناناريفو، 11 فبراير/شباط 2002

مرحبا جودي!

نعم، لدي أخ صغير. اسمه ناثان. يبلغ من العمر ثماني سنوات وهو في المدرسة الابتدائية. إنه يحب كرة القدم. **لكنه جامح قليلاً.** أنا لا أقضي الكثير من الوقت مع (ناثان) **كما ترين، فنحن يفصلنا أحد عشر عاماً.** لكنني أحبه وأعتني به عندما يكون الوالدان خارجًا. أنتِ تحبين أخاك كثيراً. فأنتِ تتحدث كثيراً عنه. تعجبني علاقتك بأخيك بالإضافة إلى أنه يحب الطبخ لعائلته وأنت، ما هو شغفك؟ أخبريني أكثر عنك.

فابيان."

"مرسيليا، 16 فبراير 2002

مرحبا فابيان،

شغفي؟ لا أعرف... **في الوقت الراهن، هدفي هو الانتهاء من المدرسة الثانوية.** لقد رسبت مرة في المدرسة المتوسطة ومرة في المدرسة الثانوية أنا لا أهمل دراستي. لكنني **فقط يجب** أن أعمل بجد للنجاح في دراستي.

أراك لاحقًا. إنها السادسة مساءًا في المنزل **سأذهب للنوم.** لا أشعر أنني **بخير فلدي الإنفلونزا. وسوف تأخذني أمي إلى الطبيب غداً. ولحسن الحظ،** انه يوم الجمعة. يمكنني أن أرتاح.

"جودي"

"أنتانانايفو، 25 فبراير/شباط 2002

مرحبا جودي،

أتمنى أن تشعرين بتحسن قريباً. إنه الخامس والعشرون من فبراير آمل أن تكوني قد شفيتِ منذ الرسالة الأخيرة **تمنى لي حظًا سعيًدا.** أنا أستعد للامتحانات الآن.

أراك لاحقًا

فابيان."

"باريس، 1 مارس 2002

مرحبا فابيان،

نعم، أنا شفيت بالفعل. إنها الإجازات. أكتب إليك من مدينة باريس. فانا أزور قريبتي ميلاني، إنها تعيش في باريس حيث **تستأجر شقة** وهي طالبة في اللغة الإنجليزية، مثلك. سأعود إلى مرسيليا في 7 مارس. لا يزال لدي الكثير من واجبات العطلة لإنهائها للعام الدراسي. حظًا موفقًا بامتحاناتك!

"جودي"

"مرسيليا، 15 أبريل 2002

مرحبا فابيان،

لقد مر وقت طويل منذ أن كتبتِ. أتمنى أن تكونِ بخير. أرسل لك هذه الرسالة **لأسأل عنك.**

"جودي"

"أنتاناناريفو، 23 أبريل/نيسان 2002

مرحبا جودي،

أنا آسفة على هذا الصمت الطويل. في الآونة الأخيرة ، **لم يكن لدي مِزاج للكتابة.** فقد **حدَثَ** حدث مؤسف. شقيق والدي الأكبر **مات.** لقد كان عمي المفضل. كنت مشغولةً جداً **بالجنازة** وفي الوقت نفسه، أخذت أيضاً الامتحانات. على أي حال، أشكرك على **رسالتك. وشكرًا لقلقك بشأني. هذا يجعل قلبي يشعر بالدفء** أنتِ صديقتي حقًا. أتمنى أن تكونِ بخير.

عناقات،

فابيان.

"مرسيليا، 27 نيسان/أبريل 2002

عزيزتي فابيان،

أبعث لك بخالص التعازي لكِ ولعائلتكم. **لدي امتحان رياضيات غداً.** وأنا أراجع. دينيس غائب **وأنا أفتقده.** المنزل يبدوا هادئ قليلاً. هل اجتزت امتحانك؟ أراك لاحقًا!

"جودي"

"أنتاناناريفو، 1 مايو 2002
عزيزتي جودي,
إنه **يوم عيد العمال**. أنا آخذ هذه **العُطلة** لأكتب لك. لقد اجتزت امتحاناتي وحصلت
على شهادتي، ووالداي سعيدان جداً. متى يحين عيد ميلادك؟ عيد ميلادي في السادس من
سبتمبر **أرفق صورة لي بهذه الرسالة**.
أراك لاحقًا

فابيان."

مرسيليا، 7 مايو 2002

مرحبا فابيان،

أنت **جميلة** في الصورة. يعجبني **فستانك** وبلوزتك معذرة. لم أرسل لك
صورتي. أنا **خجولة** قليلاً, ولست من هواة الصور. سأرسل لك صورة كلبي. هذه هي
المرة الأولى التي أخبرك عنه، إنه في **اللفة**. اسمه كوتون. إنه **لطيف** جداً. هل وُلِدتِ في
السادس من سبتمبر؟ سأسجل هذا التاريخ في **تقويمي**. وسأشتري لك هدية في عيد ميلادك.
ما هو لونك المفضل؟ لوني المفضل هو الأرجواني. وعيد ميلادي في 17 نوفمبر.

عناق
"جودي"

"أنتاناناريفو، 12 مايو 2002
مرحبا جودي!
لا مشكلة إذا لم ترسلي صورتك. كوتون كلب لطيف جدا. لكنني لدي
حساسية من شعر
الكلاب و**شعر القطط**. لوني المفضل هو الأزرق. سأعتني بأخي الصغير **لقد
آذى نفسه**.
أراك لاحقًا!

فابيان.

"مرسيليا، 17 مايو 2002
مساء الخير فابيان

أخبري أخاك الصغير أن يكون **حذراً** أتمنى *أن يكون بخير.* هل لديك عنوان بريد إلكتروني يا فابيان؟ من الأنسب التواصل من خلال رسائل البريد الإلكتروني. إنه أسرع. نفقد وقتاً أقل. هنا بريدي الإليكتروني: *judy.dubois2002@monmail.com*

أراك لاحقًا!

"جودي"

"أنتانانار يفو، 25 مايو 2002
مساء الخير جودي

لقد أنشأت عنوان بريد إلكتروني لِتَوي. **أنت على حق.** رسائل البريد الإلكتروني عملية أكثر.
بالمناسبة، لقد أرسلت لك رسالة إلكترونية. عنوان بريدي الإلكتروني موجود في هذه الرسالة.

أراك لاحقًا!

فابيان.

Vocabulaire

المراسلون (M / F)	Correspondants/correspondantes
تفاصيل	Coordonnées
انا سعيد جدا لمقابلتك	Je suis très contente de te rencontrer
أنا طالبة في كلية الآداب	Je suis étudiante en première année à la faculté des lettres
أنا أدرس اللغة الإنجليزية في الجامعة	J'étudie l'anglais à l'université
المره القادمة	La prochaine fois
لا بد لي من الذهاب إلى الصف	Je dois aller en cours
رسالتك تجعلني ابتسم	Ta lettre me donne le sourire
يبدو أنك فتاة رائعة	Tu as l'air d'une fille très sympathique
مجال الدراسة	Filière d'études
حصة الطبخ	Cours de cuisine
دينيس طباخة جيدة	Denis est un cordon bleu
انه جامح قليلا	Il est un peu turbulent
كما ترى	Comme tu le vois
نحن أحد عشر عاما كل فينا على حدة	Nous avons onze ans d'écart
أنا أحبه	Je l'apprécie
أنا أعتني به	Je m'occupe de lui
الى الان	Pour l'instant
هدف	But
الانتهاء من المدرسة الثانوية	Finir le lycée
أنا فقط يجب أن ...	Je dois juste…
انا ذاهب للنوم	Je vais aller me coucher
لا أشعر أنني بحالة جيدة	Je ne me sens pas bien
أنا أعاني من الأنفلونزا	J'ai la grippe
تأخذني أمي إلى الطبيب غداً	Ma mère m'emmène chez le médecin demain
لحسن الحظ	Heureusement
يمكنني الحصول على قسط من الراحة	Je peux me reposer

وآمل أن تكوني على نحو أفضل قريبا	Je te souhaite un bon rétablissement
تمنى لي حظا سعيدا	Souhaite moi bonne chance
إنها تستأجر شقة	Elle loue un appartement
اسأل عنك	Demander de tes nouvelles
مات	Décédé
جنازة	Obsèques
أنا لست في مزاج ل ...	Je n'ai pas la tête à…
شكرا للقلق علي	Merci de t'inquiéter pour moi
يجعل قلبي يشعر بالدفء	Cela me fait chaud au cœur
لدي امتحان الرياضيات غدا	J'ai un contrôle de mathématiques demain
افتقده	Il me manque
يوم العمل عيد العمال	Fête du travail
يوم الاجازة	Jour férié
أرفق صورة لي بهذه الرسالة	Je joins une photo de moi à cette lettre
جميلة	Ravissante
فستان	Jupe
بلوزة	Chemisier
خجول	Timide
كلب صغير	Chien de salon
حلو	Doux
منظم	Agenda
لا يهم	Ce n'est pas grave
جذاب	Mignon
شعر القط	Poils de chat
هو قام بايذاء نفسه	Il s'est blessé
كن حذرا	Faire attention
آمل أن يكون كل شيء على ما يرام	J'espère qu'il va bien
بسرعة	Rapide
أنت محق	Tu as raison
بالمناسبة	D'ailleurs

Histoire 8 : Correspondantes

Le professeur de français de Judy lui donne les **coordonnées** d'une jeune fille. Cette jeune fille habite à l'étranger. Elle s'appelle Fabienne. Judy lui envoie une première lettre :

« Marseille, le 14 janvier 2002

Bonjour Fabienne,

Je m'appelle Judy. J'aimerais bien correspondre avec toi. Je suis une jeune fille de dix-huit ans. J'habite en France. Je souhaiterais faire ta connaissance.

Judy Laroche. »

Quelques jours plus tard, Judy reçoit une réponse de Fabienne.

« Tananarive, le 22 janvier 2002

Bonjour Judy,

*J'ai bien reçu ta lettre. **Je suis très contente de te rencontrer**. Et je suis ravie d'être ta correspondante. Je te souhaite une bonne et heureuse année. Je me présente, je m'appelle Fabienne et j'ai dix-neuf ans. **Je suis étudiante en première année à la faculté des lettres. J'étudie l'anglais à l'université. La prochaine fois**, j'écrirai une lettre plus longue. **Je dois aller en cours**.*

Dans l'attente de te lire,

Fabienne, ta nouvelle amie. »

« Marseille, le 1ᵉʳ février 2002

Bonjour Fabienne,

***Ta lettre me donne le sourire**. Je te remercie. **Tu as l'air d'une fille très sympathique**. Je me présente à mon tour. Comme tu le sais, je m'appelle Judy. Je suis en classe de première au lycée. Et j'habite chez mes parents. J'ai un grand frère. Il s'appelle Denis et nous sommes très proches. Denis a terminé le lycée l'année dernière. Je ne sais pas quelle **filière d'études** il va choisir. En ce moment, il suit des **cours de cuisine**. Il est doué. **Denis est un cordon bleu.** Nous aimons cuisiner des plats ensemble. C'est mon frère qui prépare le repas à la maison. Et moi, je l'aide. Et toi, as-tu des frères et sœurs ? Es-tu proche d'eux ?*

Bonne journée,

Judy. »

« *Tananarive, le 11 février 2002*
Salut Judy !

*Oui, j'ai un petit frère. Il s'appelle Nathan. Il a huit ans et il est à l'école primaire. Il adore le football. **Il est un peu turbulent.** Je ne passe pas beaucoup de temps avec Nathan. **Comme tu le vois**, **nous avons onze ans d'écart**. Mais **je l'apprécie**. **Je m'occupe de lui** lorsque les parents sont absents. Tu aimes beaucoup ton frère. Tu parles beaucoup de lui. J'aime bien ta relation avec ton frère. En plus, il aime cuisiner pour sa famille. Et toi, quelle est ta passion ? **Parle-moi un peu plus de toi**.*
Fabienne. »

« *Marseille, le 16 février 2002*
Salut Fabienne,

*Ma passion ? Je ne sais pas... **Pour l'instant**, mon **but** est de **finir le lycée**. Tu sais, j'ai redoublé une fois au collège, et une fois au lycée. Je ne néglige pas mes études. **Je dois juste** travailler dur pour réussir mes études.*

*Je te dis à bientôt. Il est dix-huit heures chez nous. **Je vais aller me coucher. Je ne me sens pas bien. J'ai la grippe. Ma mère m'emmène chez le médecin demain. Heureusement**, on est vendredi. Je peux me reposer.*
Judy. »

« *Tananarive, le 25 février 2002*
Bonjour Judy,

*   **Je te souhaite un bon rétablissement**. On est le 25 février. J'espère que depuis la dernière lettre, tu es guérie. **Souhaite-moi bonne chance**. Je prépare des examens en ce moment.*
A bientôt,
Fabienne. »

« *Paris, le 1ᵉʳ mars 2002*
Salut Fabienne,

*Oui, je suis déjà guérie. C'est les vacances. Je t'écris de la ville de Paris. Je rends visite à ma cousine Mélanie. Elle habite à Paris. **Elle loue un appartement**. Et elle étudiante en anglais, comme toi. Je rentre à Marseille le 7 mars. J'ai*

encore beaucoup de devoirs de vacances à terminer pour la rentrée. Bonne chance pour tes examens !
Judy. »
« Marseille, le 15 avril 2002
Bonjour Fabienne,

Cela fait un moment que tu n'as pas écrit. J'espère que tu vas bien. Je t'envoie cette lettre pour **demander de tes nouvelles**.
Judy. »
« Tananarive, ce 23 avril 2002
Bonjour Judy,

Je suis désolée pour ce silence prolongé. Ces derniers temps, **je n'ai pas la tête à** écrire. Un malheureux évènement s'est produit. Le frère aîné de mon père est **décédé**. C'était mon oncle préféré. J'ai été très occupée par les **obsèques**. En même temps, j'ai aussi passé des examens. En tout cas, je te remercie pour ta lettre. **Merci de t'inquiéter pour moi. Cela me fait chaud au cœur.** Tu es vraiment une amie. J'espère que tu vas bien.
Bises,
Fabienne. »
« Marseille, ce 27 avril 2002
Chère Fabienne,

Je vous adresse mes sincères condoléances, à toi et à ta famille. **J'ai un contrôle de mathématiques demain.** Je suis en train de réviser. Denis est absent. **Il me manque.** La maison est un peu silencieuse. As-tu réussi tes examens ?
A bientôt !
Judy. »
« Tananarive, ce 1er mai 2002
Chère Judy,

C'est la **fête du travail** aujourd'hui. Je profite de ce **jour férié** pour t'écrire. J'ai réussi mes examens. J'ai eu mon diplôme. Mes parents sont très contents. Quelle est ta date d'anniversaire ? Ma date d'anniversaire est le 6 septembre. **Je joins une photo de moi à cette lettre.**
A bientôt,
Fabienne. »

« Marseille, ce 7 mai 2002
Bonjour Fabienne,

Tu es **ravissante** sur la photo. J'aime bien ta **jupe** et ton **chemisier**. Excuse-moi. Je ne t'envoie pas ma photo. Je suis un peu **timide**. Et je ne suis pas photogénique. Je t'envoie la photo de mon chien. C'est la première fois que je te parle de lui. C'est un **chien de salon**. Il s'appelle Coton. Il est très **doux**. Tu es née le 6 septembre ? Je note cette date dans mon **agenda**. Je vais acheter un cadeau pour toi le jour de ton anniversaire. Quelle est ta couleur préférée ? Ma couleur préférée est le violet. Ma date d'anniversaire est le 17 novembre.
Bises,
Judy. »

« Tananarive, ce 12 mai 2002
Salut Judy !

Ce n'est pas grave si tu n'envoies pas ta photo. Coton est un chien très **mignon**. Mais je suis allergique aux poils de chien et aux **poils de chat**. Ma couleur préférée est le bleu. Je vais aller m'occuper de mon petit frère. **Il s'est blessé.**
A bientôt !
Fabienne. »

« Marseille, ce 17 mai 2002
Bonsoir Fabienne,

Dis à ton petit frère de **faire attention. J'espère qu'il va bien.** As-tu une adresse mail, Fabienne ? C'est plus pratique de communiquer avec les courriers électroniques. C'est plus **rapide**. On perd moins de temps. Voici mon adresse mail : judy.dubois2002@monmail.com.
A bientôt !
Judy. »

« Tananarive, ce 25 mai 2002
Bonsoir Judy,

Je viens de créer une adresse e-mail. **Tu as raison.** Les e-mails sont plus pratiques. **D'ailleurs**, je viens de t'envoyer un e-mail. Mon adresse e-mail est dans cet e-mail.
A bientôt !
Fabienne. »

القصة 9: شغف الكتابة

سيريل ديجويموند هو مؤلف مشهور. **وهو مؤلف أربعة عشر رواية منشورة. وهو معروف في جميع أنحاء العالم.** كتب سيريل في الغالب روايات خيالية وقصص بوليسية وأفلام إثارة. سيريل **مؤلف مشهور. يبيع الكثير من الكتب في جميع أنحاء العالم.** ولقد أصدر (سيريل) للتو روايته الرابعة عشرة.

اتصلت به **محررة صحفية** عبر الهاتف. كارين تريد مقابلته وتطلب منه أن **يعطيها موعدًا للمقابلة.** اعطاها سيريل موعد في منزله بعد ظهر يوم الجمعة.

صباح الجمعة، استعدت كارين للمقابلة. فأخذت قلم حبر **ومفكرة وتصفحت الانترنت** للقراءة عن سيريل ديجويموند. كتبت الأسئلة لسيريل. ثم رنَّ **هاتف كارين. التقطت الهاتف وردت:**

- مرحبا!
- مرحبا كارين، معك كريستين.
- مرحبا كريستين! **كيف الحال؟**

- **دعينا نذهب بعيدا في نهاية هذا الاسبوع. احزم حقائبك. إنها رحلة لثلاثة أيام سأقلك بعد ساعتين**
- **أنا آسفة. لا أستطيع الذهاب.**
- **ولكن لماذا؟ أنتِ لا تعملين يوم الجمعة.**
- **لدي موعد مهم اليوم.**
- **موعد؟**
- لا، كريستين. أنا سأقابل (سيريل ديجويموند)
- **الكاتب سيريل ديجويموند؟ انت فتاة محظوظة.** (ديجويموند) هو مؤلفي المفضل **لقد قرأت كل كتبه** سأشتري روايته الجديدة اليوم
- **سأطلب منه توقيعاً** لك.
- شكرا لك!
- أنا سأعمل اليوم. لكن دعينا نخرج صباح الغد
- حسنا، **سوف أراك غدا بعد ذلك.**
- يوم لطيف كريستين.
- يوم جيد لك أيضا كارين!

كارين تضع الهاتف. وتواصل عملها. في الساعة الواحدة، تستعد كارين للمغادرة. تضع قلمها ودفتر ملاحظاتها ومنديلها ومفاتيح سيارتها ونظارتها الشمسية وهاتفها المحمول في حقيبتها.

في تمام الثانية وخمسين دقيقة بعد الظهر، تصل كارين إلى **مدخل منزل** سيريل. **وتقوم بضغط** الجرس. **حارس الأمن** يحييها، ويسألها عن هويتها. كارين تقدم نفسها وتظهر **بطاقتها الشخصية**. فيدعوها حارس الأمن إلى الدخول إلى **داخل العقار**. و يرافق الشابة في غرفة المعيشة.و **يدعوها للجلوس** على كرسي، ثم يخرج.

بعد عشر دقائق، وصل سيريل ديجويموند إلى الغرفة. **وقفت كارين** لتحيته. سيريل رجل عظيم لديه لحية وهو **فاتن. وكان يرتدي نظارات**.

- مرحبا السيد ديجويموند. اسمح لي أن أقدم لنفسي: اسمي كارين دوبوا. أعمل في مجلة "الزهور". أنا محررة صحفية. **وأنا سعيدة لمقابلتك**.
مرحبا سيدة دوبوا. **أنا سعيد جدا لمقابلتك**.
- **يمكنك مناداتي كارين**.
- **حسنًا، كارين. الجو حار جداً هنا دعينا نذهب إلى الحديقة**.

هناك طاولة وكراسي ومظلة في الحديقة. ثم جلس كارين وسيريل.

- السيد سيريل ديجويموند ، **شكرا لك على الترحيب بي في منزلك** . لديك فيلا جميلة جدا.
- شكرا لك، كارين. لنبدأ المقابلة، **فلدي يوم حافل**.
- حسنا. أسجل محادثتنا على هاتفي الذكي.

- **تجنبي الأسئلة الحميمة جدًا، من فضلك. أنا لا أحب الحديث عن خصوصيتي**.
- حسنا أنا أفهم. لذا، سيريل ديجويموند، أخبرنا عن روايتك الأخيرة.
- هذه قصة كائن فضائي. لديه مظهر إنسان. **هذا الكائن يبدو كامرأة عجوز**. لديه **قوى خارقة**. يصل إلى كوكبنا، ثم كان الشاهد على جريمة قتل. فيُحقق معه **ضابط شرطة حول جريمة القتل**.
- رائعُ. ما هو عنوان الكتاب؟
- "الأوهام".
- **منذ متى تكتب الرواية؟**
- يتراوح **بين أربعة وعشرين شهرا**.
- **لديك جسم رياضي، سيريل ديجويموند. هل تقوم بالرياضة؟**
- **في الواقع**، نعم.
- **ما هي الرياضة التي تقوم بها؟**
- أنا أقوم ببعض الركض.
- **هل تستمتع بالقراءة؟**
- نعم بالطبع.
- **ماذا تحب أن تقرأ، سيريل ديجويموند؟**
- **قليلا من كل شيء. يساعدني على الحصول على الإلهام**.
- وبصرف النظر عن القراءة والرياضة والكتابة، ما هي هواياتك؟

- أنا أستمتع بقضاء الوقت مع عائلتي. **أحب الذهاب للصيد مع أخي وابنة أخي.**

- من هم مؤلفوك المفضلون؟

- مؤلفي المفضلان هما ستيفن كينغ وأغاثا كريستي.

- هل تكتب رواية جديدة الآن؟

- **ليس بعد. سأأخذ إجازة**

- القراء لديهم أسئلة لك. سأطرح عليك الأسئلة الأكثر إثارة للاهتمام.

- حسنا. أنا أستمع إليك.

- **هل لديك زخم الكاتب؟**

- **يحدث لي في بعض الأحيان.**

- **ماذا تفعل عندما يحدث ذلك؟**

- **أنا أخذ قسط من الراحة.** وأمشي. وآكل الآيس كريم مع ابنة أخي, وأتحدث معها. **وأذهب إلى الريف... للإسترخاء.**

- هل تفكر في كتابات الرومانسية؟

- لا، لا، لا، لا، لا،

- شكرا على هذه المقابلة، سيريل ديجويموند.

- إنه لمن دواعي سروري. **شكرًا لمجيئك.** أقدم لك نسخة من روايتي الأخيرة

- أوه! شكرًا جزيلاً يا سيدي!

ابتسم سيريل.

- سيريل ديجويموند، **أيمكنك التوقيع على الكتاب لكريستين، من فضلك؟**

- نعم بالطبع. من هي كريستين؟

- كريستين دوبوا هي أختي الكبرى. إنها تحب رواياتك

يكتب سيريل في الصفحة الأولى من الكتاب. شكرته كارين ثم ذهبت إلى المنزل.

في اليوم التالي، قدمت كارين الكتاب لأختها. كانت كريستين **مندهشة** وفرحة للغاية. ثم أخذوا السيارة وخرجوا في عطلة نهاية الأسبوع.

Vocabulaire

الكتابة	Ecriture
مشهور	Renommé
وهو مؤلف لأربعة عشر رواية منشورة	Il a quatorze romans publiés à son actif
وهو معروف في جميع أنحاء العالم	L'auteur est connu internationalement
رواية خيال	Roman(s) fantastique(s)
قصص المحققين	Romans policiers
المؤلف الشهير	Ecrivain célèbre
يبيع الكثير من الكتب	Il vend beaucoup de livres
نسخ	Exemplaires
في جميع انحاء العالم	Partout dans le monde
محرر	Une rédactrice
أجر مقابلة	Accorder une entrevue
المفكرة	Bloc notes
إنها تبحث عبر الإنترنت	Elle surfe sur Internet
قلم برأس كروي	Stylo à bille
الهاتف الخلوي	Téléphone portable
هي تلتقط الهاتف	Elle décroche le téléphone
ماذا تفعل	Quoi de neuf ?
دعنا نذهب بعيدا في نهاية هذا الاسبوع	Nous partons en week end
تحزم حقائبك	Prépare tes valises
إنها رحلة لمدة ثلاثة أيام	Nous partons pour trois jours
سأقلك في ساعتين	Je passe te prendre dans deux heures
أنا أسف	Je suis désolé(e)
لا أستطيع الذهاب	Je ne peux pas partir
أنت لا تعمل يوم الجمعة	Tu ne travailles pas le vendredi
لدي موعد مهم	J'ai un rendez vous important
موعد	Un rendez vous galant
كاتب	Ecrivain
انت فتاة محظوظة جدا	Tu es une sacrée veinarde

قرأت جميع كتبه	Je lis tous ses livres
سأطلب منه توقيعه	Je vais lui demander un autographe
سأراك غدا	Je te dis à demain alors
أتمنى لك نهارا سعيد	Passe une bonne journée
كارين تضع الهاتف	Carine raccroche le téléphone
منديل	Mouchoir
مفاتيح السيارة	Clés de voiture
نظارة شمسيه	Lunettes de soleil
مدخل	Portail
للضغط (تضغط ...)	Appuyer (elle appuie…)
حارس أمن	Agent de sécurité
داخل العقار	Dans l'enceinte de la propriété
يدعوها للجلوس	Il l'invite à s'asseoir
كارين تقف	Carine se lève
اللحية	Barbe
ساحر	Charmant
يرتدي نظارات	Il porte des lunettes
أنا سعيد لمقابلتك	Je suis ravie de vous rencontrer
يسرني جدا أن ألتقي بك	Je suis enchanté de vous connaître
يمكنك الاتصال بي كارين	Vous pouvez m'appeler Carine
حسنا	D'accord
الجو حار جدا هنا	Il fait trop chaud ici
دعينا نذهب إلى الحديقة	Allons dans le jardin
شكرا لاستقبالي في بيتك	Merci de m'accueillir dans votre maison
لدي يوم مزدحم للغاية	J'ai une journée assez chargée
تجنب	Eviter
لا أحب التحدث عن حياتي الخاصة	Je n'aime pas tellement parler de ma vie privée
أخبرنا عن أحدث رواية لك	Parlez nous de votre dernier roman
كائن بشري	être humain

الشخص يبدو وكأنه امرأة عجوز	L'être vivant ressemble à une vieille femme
القوى العظمى	Super pouvoirs
إنه شاهد على جريمة قتل	Il est le témoin d'un meurtre
ضابط شرطة يحقق معه في جريمة القتل	Un policier enquête avec lui sur le meurtre
الى متى....؟	Combien de temps…
ما بين	Entre
لديك جسم رياضي	Vous avez un corps d'athlète
هل تمارس الرياضة؟	Faites vous du sport ?
في الواقع	En effet
ماهي الرياضة التي تمارسها؟	Quel sport pratiquez vous ?
هل تستمتع بالقراءة	Aimez vous lire ?
نعم طبعا	Oui, bien sûr
ماذا تحب أن تقرأ؟	Qu'aimez vous lire ?
قليلا من كل شيء	A bit of everything
هذا يساعدني	Cela m'aide
أنا أستمتع بقضاء الوقت مع عائلتي	J'aime passer du temps avec ma famille
أحب الذهاب للصيد مع أخي وابنة أختي	J'aime aller à la pêche avec mon frère et ma nièce
ليس بعد	Pas encore
انا اخرج في اجازة	Je vais prendre des vacances
القراء	Lecteurs
هل لديك زخم الكاتب؟	Avez vous le syndrome de la page blanche ?
يحدث هذا لي أحيانا	Cela m'arrive parfois
ماذا تفعل عندما يحدث؟	Que faites vous quand cela arrive ?
أنا أخذ قسط من الراحة	Je prends une pause
بوظة	Glace
الريف	Campagne
أنا أسترخي	Je me détends
شكرا لقدومك	Merci d'être venu(e)

هل يمكنك التوقيع على كتاب كريستين؟ Pouvez vous dédicacer le livre pour Christine ?

مندهشة Folle de joie/fou de joie

Histoire 9 : Une passion pour l'écriture

Cyril Deguimond est un **auteur renommé. Il a quatorze romans publiés à son actif. L'auteur est connu internationalement**. Cyril écrit principalement des **romans fantastiques**, des **romans policiers** et des thrillers. Cyril est un **écrivain célèbre. Il vend beaucoup de livres partout dans le monde**. Cyril vient de sortir son quatorzième roman.

 Une rédactrice de presse écrite le contacte par téléphone. Carine souhaite l'interviewer. Elle lui demande de lui **accorder une entrevue**. Cyril lui donne rendez-vous chez lui le vendredi après-midi.

Vendredi matin, Carine prépare l'interview. Elle prend **un stylo à bille** et un **bloc-notes. Elle surfe sur Internet** pour lire des informations sur Cyril Deguimond. Elle écrit les questions à poser à Cyril. Le **téléphone portable** de Carine sonne. **Elle décroche le téléphone** :

- Allô !
- Allô Carine, c'est Christine.
- Salut Christine ! **Quoi de neuf ?**
- **Nous partons en week-end. Prépare tes valises. Nous partons pour trois jours. Je passe te prendre dans deux heures.**
- **Je suis désolée. Je ne peux pas partir.**
- Mais pourquoi ? **Tu ne travailles pas le vendredi.**
- **J'ai un rendez-vous important** aujourd'hui.
- Un **rendez-vous galant** ?
- Non, Christine. J'interviewe Cyril Deguimond.
- **L'écrivain** Cyril Deguimond ? **Tu es une sacrée veinarde**. Deguimond est mon auteur préféré. **Je lis tous ses livres**. Je vais acheter son nouveau roman aujourd'hui.
- **Je vais lui demander un autographe**. Pour toi.
- Merci !

-   Je travaille aujourd'hui. Mais partons demain matin.
-   D'accord, **je te dis à demain alors.**
-   **Passe une bonne journée** Christine.
-   Bonne journée à toi aussi Carine !

Carine raccroche le téléphone. Elle continue son travail. A treize heures trente minutes, Carine se prépare pour partir. Elle met son stylo, son bloc-notes, son **mouchoir**, ses **clés de voiture**, ses **lunettes de soleil** et son téléphone portable dans son sac.

A quatorze heures quinze minutes, Carine arrive devant le **portail** de la maison de Cyril. **Elle appuie** sur la sonnerie. Un **agent de sécurité** l'accueille. Il lui demande son **identité**. Carine se présente et montre son badge. L'agent de sécurité l'invite à entrer **dans l'enceinte de la propriété**. Il accompagne la jeune femme dans la salle de séjour. **Il l'invite à s'asseoir** sur une chaise. Puis l'agent de sécurité sort.

Dix minutes plus tard, Cyril Deguimond arrive dans la salle. **Carine se lève** pour le saluer. Cyril est un grand homme. Il a une **barbe** et il est **charmant**. **Il porte des lunettes**.

-   Bonjour monsieur Deguimond. Je me présente : je m'appelle Carine Dubois. Je travaille pour le magazine « Fleuris ». Je suis rédactrice de presse. Et **je suis ravie de vous rencontrer.**
-   Bonjour mademoiselle Dubois. **Je suis enchanté de vous connaître.**
-   **Vous pouvez m'appeler Carine.**
-   **D'accord**, Carine. **Il fait trop chaud ici. Allons dans le jardin.**

Il y a une table, des chaises et un parasol dans le jardin. Carine et Cyril s'assoient.

-   Monsieur Cyril Deguimond, **merci de m'accueillir dans votre maison**. Vous avez une très belle villa.

- Merci Carine. Commençons l'entrevue. **J'ai une journée assez chargée**.
- D'accord. J'enregistre notre conversation sur mon smartphone.
- **Evitez** les questions trop intimes, s'il vous plaît. **Je n'aime pas tellement parler de ma vie privée**.
- D'accord, je comprends. Alors Cyril Deguimond, **parlez-nous de votre dernier roman**.
- C'est l'histoire d'un extraterrestre. Il a l'apparence d'un **être humain**. **L'être vivant ressemble à une vieille femme**. Il a des **super pouvoirs**. Il arrive sur notre planète. Puis il est **le témoin d'un meurtre**. **Un policier enquête avec lui sur le meurtre**.
- C'est fascinant. Quel est le titre du livre ?
- « Illusions ».
- **Combien de temps** écrivez-vous un roman ?
- Cela varie **entre** quatre et vingt-quatre mois.
- **Vous avez un corps d'athlète**, Cyril Deguimond. **Faites-vous du sport ?**
- **En effet**, oui.
- **Quel sport pratiquez-vous ?**
- Je fais du jogging.
- **Aimez-vous lire ?**
- **Oui, bien sûr.**
- **Qu'aimez-vous lire**, Cyril Deguimond ?
- **Un peu de tout. Cela m'aide** à avoir de l'inspiration.
- A part la lecture, le sport et l'écriture, quels sont vos loisirs ?
- **J'aime passer du temps avec ma famille. J'aime aller à la pêche avec mon frère et ma nièce.**
- Qui sont vos auteurs préférés ?
- Mes auteurs préférés sont Stephen King et Agatha Christie.
- Ecrivez-vous un nouveau roman en ce moment ?
- **Pas encore. Je vais prendre des vacances.**

- Vos **lecteurs** ont des questions pour vous. Je vous pose les questions les plus intéressantes.
- D'accord. Je vous écoute.
- **Avez-vous le syndrome de la page blanche ?**
- **Cela m'arrive parfois.**
- **Que faites-vous quand cela arrive ?**
- **Je prends une pause.** Je me promène. Je mange une **glace** avec ma nièce. Je bavarde avec ma nièce. Je vais à la **campagne**… **Je me détends.**
- Pensez-vous écrire de la romance ?
- Non.
- Merci pour cette entrevue, Cyril Deguimond.
- C'est un plaisir. **Merci d'être venue.** Je vous offre un exemplaire de mon dernier roman.
- Oh ! Merci beaucoup monsieur !

Cyril sourit.

- Cyril Deguimond, **pouvez-vous dédicacer le livre pour Christine**, s'il vous plaît ?
- Oui, bien sûr. Qui est Christine ?
- Christine Dubois est ma grande sœur. Elle adore vos romans.

Cyril écrit sur la première page du livre. Carine le remercie et rentre chez elle.

Le lendemain, Carine offre le livre à sa sœur. Christine est **folle de joie**. Elles prennent la voiture et partent en week-end.

قصة 10: أمسية مع الأصدقاء

جون: مرحبا!

مارتن: مرحبا جون! كيف حالك؟

جون: أنا بخير، شكرا لك. وكيف حالك؟

مارتن: أنا بخير.

جون: **ماذا ستفعل الليلة؟**

مارتن: **سأبقى في المنزل،** لماذا؟

جون: اريد ان أدعوك إلى المطعم الليلة أنت وأوغسطين وكارلا

مارتن: حسنا. **ما الأمر؟**

جون: **لدي إعلان خاص جداً لأقوم به.**

مارتن: ما هي الأخبار؟

جون: كن صبوراً، أعلن ذلك الليلة.

مارتن: حسنا!

جون: في مطعم "تغذية" الليلة في الساعة الثامنة.

مارتن: طيب! أراك الليلة!

جون: مرحبا! مرحبا كارلا!

كارلا: مرحبا جون!

جون: **أين أنت؟**

كارلا: في العمل.

جون: **متى تخرج من العمل؟**

كارلا: حوالي الساعة السادسة. لماذا؟

جون: **هل تريد الخروج الليلة؟**

كارلا: لا، شكرا. إنني مُجهَدة. سأذهب إلى المنزل وأنام الليلة.

جون: لا، لن تنامِ. سنذهب إلى المطعم الليلة

كارلا: أنا وأنت؟

جون: لا، هناك أربعة منا، مع أوغسطين ومارتن.

كارلا: **ولكن ليس لدي الكثير من المال في الوقت الحالي.**

جون: **لا تقلقي. أنا من يدعوك**

كارلا: شكراً لك. **لكن هذا يجعلني غير مرتاح قليلاً**

جون: من فضلك كارلا لدي شيء مهم لأخبرك به وللآخرين.

كارلا: **هل هي أخبار جيدة؟**

جون: نعم، إنها أخبار جيدة جداً.

كارلا: لقد أثرت عليّ. حسنا، أنا قادمة إلى المطعم معك الليلة.

جون : شكرًا كارلا! نراك الليلة اذن! في مطعم "تغذية" في الساعة العاشرة. **لا تتأخري.**

جون: مرحبا أوغسطين!
أوغسطين: مرحبا جون!
جون: **هل أنت متفرغ الليلة؟**
أوغسطين: نعم، إنه يوم الجمعة. أود أن أخرج الليلة للاسترخاء
جون: حسنا. سأقلك في الساعة التاسعة عشرة. **(كارلا) و(مارتن) ينتظراننا في المطعم في** الساعة الثامنة

كارلا تعود في 10 دقائق بعد السادسة. تأخذ دُش وترتدي **فستان أزرق طويل**. تصل إلى المطعم في التاسعة عشرة والخمسين. جون، أوغسطين ومارتن يصلون بعد خمس دقائق. جون يذهب إلى مكتب الاستقبال.

جون: مساء الخير سيدتي!
سوزي: مساء الخير يا سيدي، **ماذا يمكنني أن أفعل لك؟**
جون: **هل يمكننا الحصول على طاولة للعشاء من فضلك؟**
سوزي: نعم، بالطبع. **هل لديك حجز؟**
جون: لا، نحن لم نحجز.
سوزي: **طاولتك ستكون جاهزة في بضع دقائق.**
جون: شكرا لك، سيدتي.
كارلا: **هل يمكننا الحصول على طاولة بالقرب من النافذة من فضلك؟**
سوزي: بالطبع!

وبعد سبع دقائق، اتصل نادل **بالشباب الأربعة.**

جيمي: طاولتك جاهزة **هل يمكنك ان تتبعني من فضلك**

جلس جون، كارلا، مارتن وأوغسطين على مائدتهم.

جيمي : مساء الخير سيداتي, سادتي. اسمي جيمي. أنا خادمك لهذه الليلة

جيمي يعطي **قائمات الطعام للشباب.**
جيمي: **هل تحب شيئاً لتشربه أولاً؟**
نعم، نود زجاجة من أفضل الشمبانيا من فضلك.

احضرَ جيمي زجاجة من الشمبانيا

مارتن: إذن، جون. ما هذه الأخبار العظيمة التي ستعلنها لنا؟
جون: **دعونا نستمتع قليلاً سأدعك تخمن.**
كارلا: سوف تتزوج.

جون: لا.

كارلا: **ستحظى بطفل**

جون: لا.

مارتن: ستعمل في الخارج.

جون: لا.

أوغسطين: **حصلت على علاوة**

جون: لا.

كارلا: **سوف تصبح كاهنا.**

جون: لا.

مارتن: ستغير عملك!

كارلا: وستصبح نجم روك!

جون: لا ولا. كارلا، **أنت مضحكة**. ولديك الكثير من الخيال.

أوغسطين: **لقد ورثت ثروة كبيرة!**

جون: لا، لكن هذا تقريباً يا (أوغسطين)! **حسنا، أنا أقول لك. لقد فزت باليانصيب!**

أوغسطين، مارتن وكارلا: حقا؟

جون: نعم، **أنا لا أمزح**. لقد فزت باليانصيب حقاً!

مارتين: **كم ربحت؟**

جون: **أحتفظ بهذه المعلومات لنفسي**. ولكنكم جميعا ستستمتعون بهذا المال!

كارلا: لماذا وكيف؟

جون: لأنكم أفضل أصدقائي. أنتم دائماً هناك **لتدعموني في الأوقات الجيدة والسيئة.** سنذهب جميعًا في إجازة معًا لمدة أسبوعين. **وسأدفع كل النفقات**.

مارتن: هل أنت جاد، جون؟

جون: نعم!

أوغسطين: ولكن كما تعلم، فأنت **لست مضطرًا للقيام بذلك.**

جون: **ولكني أريد ذلك. لا تكن مُحرجاً**. أود أن أشكركم على صداقتكم الصادقة. **دعونا فقط نسميها هدية شكر**

كارلا: شكرا لإعطائنا هذه الرحلة! انا معك!

أوغسطين: أنا أيضاً.

جون: وأنت يا مارتن؟

مارتن: **حسنا، أنا معك!**

جون: شكراً يا أصدقائي الأعزاء!

جيمي يقترب من طاولتهم

جيمي: **هل اتخذت اختيارك؟**

كارلا: **أريد بعض حساء الدجاج من فضلك**

جيمي: وأنتم، أيها السادة؟

مارتين: سأخذ نفس الشيء

أوغسطين: أود سلطة المعكرونة، من فضلك.

جيمي: وأنت يا سيدي؟
جون: **ما هي العروض الخاصة اليوم؟**
جيمي: ريسوتو أو غراتين مع الجبن.
جون: أود جبنة غراتين، من فضلك.
جيمي: حسنا، سيدي. هل تريد شيئاً آخر؟
كارلا: نعم، كنت سآخذ موزة ملتهبة للتحلية، من فضلك.
جيمي: وأنتم، أيها السادة، هل سيكون لديكم حلوى؟
جون: لا، شكرا.
أوغسطين: لا، لن آخذ الحلوى.
مارتن: أنا لا.

ذهب جيمي. ثم عاد بعد 15 دقيقة، **بالأطباق المطلوبة.**
جيمي: وجبة هنيئة! إذا كنتم ترغبون في طلب أطباق أخرى، لا تترددوا في مناداتي.

الشباب الأربعة يشكرون النادل ويبدأون في تناول الطعام. خلال العشاء، **يتحدث أوغسطين.**

أوغسطين: **دعونا نرفع كؤوس الصداقة!**

في وقت لاحق، جيمي يجلب حلوى كارلا. ثم يتناقش الأصدقاء الأربعة حول عطلتهم القادمة لمدة ساعة. طلب جون الفاتورة. ترك الفاتورة ثم غادر المطعم مع أصدقائه. وقد ترك جون بقشيشًا سخيًا للنادل.

أوغسطين: **إذن إلى أين سنذهب الآن؟**
كارلا: **أنا متعبة جدًا.** سأذهب إلى المنزل. ليلة سعيدة يا أولاد!
جون: شكرا لك! ليلة سعيدة كارلا!
أنا أيضاً سأعود إلى المنزل سأعمل غداً وداعًا!
جون وأوغسطين : ليلة سعيدة مارتن!
أوغسطين: **الآن نحن الوحيدون المتبقين، جون. ما هو البرنامج الليلة؟**
جون : لدي اسطوانة DVD من فيلم صدر مؤخرًا. يمكننا الذهاب إلى المنزل ومشاهدة الفيلم معاً
أوغسطين: حسنا!

Vocabulaire

ماذا ستفعل الليلة؟	Que fais tu ce soir ?
سأبقى في المنزل	Je reste chez moi
ما الذي يجري؟	Qu'est ce qui se passe ?
لدي إعلان خاص لأقوم به	J'ai une grande nouvelle à vous annoncer
اراك الليلة!	A ce soir
أين أنت؟	Où es tu ?
في أي وقت تخرج من العمل؟	A quelle heure finis tu ton travail ?
هل تريد الخروج الليلة؟	Veux tu sortir ce soir ?
ليس لدي الكثير من المال	Mais je n'ai pas trop d'argent
لا تقلق	Ne t'inquiète pas
أنا أدعوك	C'est moi qui t'invite
هذا يجعلني غير مرتاح قليلا	Mais cela me gêne un peu
لدى شئ مهم لاخبرك به	J'ai quelque chose d'important à vous dire
هل هي أخبار جيدة؟	Est ce une bonne nouvelle ?
لا تتأخر	Ne soit pas en retard
هل لديك شيء لفعله الليلة؟	Es tu libre ce soir ?
انتظر (كارلا ومارتن ينتظرون)	Attendre (Carla et Martin nous attendent)
فستان طويل	Robe longue
ما الذي يمكنني أن أفعله من أجلك؟	Que puis je faire pour vous ?
هل يمكننا الحصول على طاولة لتناول العشاء؟	Peut on avoir une table pour dîner ?
هل لديك حجز؟	Avez vous réservé ?
ستكون طاولتك جاهزة في غضون بضع دقائق	Votre table sera prête d'ici quelques minutes
هل يمكن أن يكون لدينا طاولة بجوار النافذة؟	Pourrions nous avoir une table près de la fenêtre ?
أربعة شباب	Quatre jeunes gens
هل يمكنك اللحاق بي من فضلك؟	Si vous voulez bien me suivre
قائمة الطعام	Carte des menus

هل تريد شيئا لتشربه أولا؟	Voulez vous un apéritif ?
دعنا نحصل على القليل من المرح	Amusons nous un peu
سأدعك تخمن	Je vous laisse deviner
ستنجب طفلا	Tu vas avoir un enfant
لقد زاد راتبك	Tu as eu une augmentation de salaire
كاهن	Prêtre
انت مضحكة	Tu es drôle
ثروة كبيرة	Grosse fortune
هذا قريب بما فيه الكفاية	C'est presque ça
حسنًا ، سأخبرك	Bon, je vais vous le dire
فزت باليانصيب!	J'ai gagné au loto !
انا لا امزح	Je ne blague pas
كم فزت؟	Combien as tu gagné ?
احتفظ بهذه المعلومات لنفسي	Je garde cette information pour moi
أنتم دائما هناك لدعموني	Vous êtes toujours là pour me soutenir
الأوقات الجيدة والسيئة	Bons et mauvais moments
سأدفع جميع النفقات	Je prends en charge toutes les dépenses
ليس عليك القيام بذلك	Tu n'es pas obligé de faire cela
ولكن أريد ذلك	Mais j'en ai envie
لا تكن محرجا	Ne soyez pas gênés
دعنا نسميها هدية شكر	Prenez cela comme un cadeau de remerciement
حسنًا ، أنا معك	D'accord, je suis partant !
هل قمت باختيارك؟	Est ce que vous avez choisi ?
أريد بعض حساء الدجاج	Je voudrais une soupe de poulet
ما هي العروض الخاصة اليوم؟	Quel sont les plats du jour ?
الأطباق المطلوبة	Plat(s) commandé(s)
أوغسطين يتحدث	Augustin prend la parole
لنرفع كؤوس الصداقة	Levons nos verres à l'amitié !

الفاتورة	Addition
بقشيشًا	Pourboire
اذا ، أين نذهب الآن؟	Alors, où allons nous maintenant ?
انا متعبة جدا	Je suis à bout de forces
الآن نحن الوحيدون الذين بقوا	Maintenant, il ne reste plus que nous deux

Histoire 10 : Une soirée entre amis

John : Allô !
Martin : Allô John ! Comment vas-tu ?
John : Je vais bien, merci. Et toi, comment vas-tu ?
Martin : Je vais bien.
John : **Que fais-tu ce soir ?**
Martin : **Je reste chez moi**, pourquoi ?
John : Je vous invite au restaurant ce soir, toi, Augustin et Carla.
Martin : D'accord. **Qu'est-ce qui se passe ?**
John : **J'ai une grande nouvelle à vous annoncer.**
Martin : Quelle est la nouvelle ?
John : Sois patient, je l'annonce ce soir.
Martin : D'accord !
John : Au restaurant "Feed", ce soir à vingt heures.
Martin : Ok ! A ce soir !

John : Allô ! Salut Carla !
Carla : Salut John !
John : **Où es-tu ?**
Carla : Au travail.
John : **A quelle heure finis-tu ton travail ?**
Carla : Vers dix-huit heures. Pourquoi ?
John : **Veux-tu sortir ce soir ?**
Carla : Non, merci. Je suis fatiguée. Je rentre et je dors ce soir.
John : Non, tu ne vas pas dormir. Nous allons au restaurant ce soir.
Carla : Toi et moi ?
John : Non, nous sommes quatre, avec Augustin et Martin.
Carla : **Mais je n'ai pas trop d'argent** en ce moment.
John : **Ne t'inquiète pas. C'est moi qui t'invite.**
Carla : Je te remercie. **Mais cela me gêne un peu.**
John : S'il te plaît, Carla. **J'ai quelque chose d'important à vous dire.** A toi et les autres.
Carla : **Est-ce une bonne nouvelle ?**
John : Oui, c'est une très bonne nouvelle.
Carla : Tu m'intrigues. D'accord, je viens au restaurant avec vous ce soir.

John : Merci Carla ! A ce soir alors ! Au restaurant "Feed" à vingt heures. **Ne sois pas en retard.**

John : Allô Augustin !
Augustin : Bonjour John !
John : **Es-tu libre ce soir ?**
Augustin : Oui, c'est vendredi. J'aimerais bien sortir ce soir pour me détendre.
John : D'accord. Je passe te prendre à dix-neuf heures quinze minutes. **Carla et Martin nous attendent** au restaurant à vingt heures.

Carla rentre à dix-huit heures cinq minutes. Elle prend une douche et met une **robe longue** bleue. Elle arrive au restaurant à dix-neuf heures cinquante minutes. John, Augustin et Martin arrivent cinq minutes plus tard. John se dirige vers l'accueil.

John : Bonsoir madame !
Suzie : Bonsoir monsieur, **que puis-je faire pour vous ?**
John : **Peut-on avoir une table pour dîner, s'il vous plaît ?**
Suzie : Oui, bien sûr. **Avez-vous réservé ?**
John : Non, nous n'avons pas réservé.
Suzie : **Votre table sera prête d'ici quelques minutes.**
John : Merci, madame.
Carla : **Pourrions-nous avoir une table près de la fenêtre**, s'il vous plaît ?
Suzie : Bien sûr !

Sept minutes plus tard, un serveur appelle les **quatre jeunes gens**.

Jimmy : Votre table est prête. **Si vous voulez bien me suivre.**

John, Carla, Martin et Augustin s'installent à leur table.

Jimmy : Bonsoir mademoiselle, messieurs. Je m'appelle Jimmy. Je suis votre serveur pour ce soir.

Jimmy donne la **carte des menus** aux jeunes gens.
Jimmy : **Voulez-vous un apéritif ?**

John : Oui, nous voudrions une bouteille de votre meilleur champagne s'il vous plaît.

Jimmy apporte une bouteille de champagne.

Martin : Alors, John. Quelle est cette grande nouvelle que tu vas nous annoncer ?
John : **Amusons-nous un peu. Je vous laisse deviner.**
Carla : Tu vas te marier.
John : Non.
Carla : **Tu vas avoir un enfant**.
John : Non.
Martin : Tu vas travailler à l'étranger.
John : Non.
Augustin : **Tu as eu une augmentation de salaire**.
John : Non.
Carla : Tu vas devenir **prêtre**.
John : Non.
Martin : Tu changes de carrière !
Carla : Et tu vas devenir une rock star !
John : Non et non. Carla, **tu es drôle**. Et tu as beaucoup d'imagination.
Augustin : Tu as hérité d'une **grosse fortune** !
John : Non, mais c'est presque ça, Augustin ! **Bon, je vais vous le dire. J'ai gagné au loto !**
Augustin, Martin et Carla : Vraiment ?
John : Oui, **je ne blague pas**. J'ai vraiment gagné au loto !
Martin : **Combien as-tu gagné ?**
John : **Je garde cette information pour moi.** Mais vous allez tous profiter de cet argent !
Carla : Pourquoi et comment ?
John : Parce que vous êtes mes meilleurs amis. **Vous êtes toujours là pour me soutenir** dans les **bons et mauvais moments**. Nous allons partir en vacances ensemble pour deux semaines. **Je prends en charge toutes les dépenses.**
Martin : Es-tu sérieux, John ?
John : Oui !
Augustin : Mais tu sais, **tu n'es pas obligé de faire cela**.

John : **Mais j'en ai envie. Ne soyez pas gênés.** J'aimerais vous remercier pour votre amitié sincère. **Prenez cela comme un cadeau de remerciement.**
Carla : Merci à toi de nous offrir ce voyage ! Je suis partante !
Augustin : Moi aussi.
John : Et toi, Martin ?
Martin : **D'accord, je suis partant !**
John : Merci mes chers amis !

Jimmy s'approche de leur table.
Jimmy : **Est-ce que vous avez choisi ?**
Carla : **Je voudrais une soupe de poulet,** s'il vous plaît.
Jimmy : Et vous, messieurs ?
Martin : Je prendrais le même.
Augustin : Je voudrais une salade de pâtes, s'il vous plaît.
Jimmy : Et vous, monsieur ?
John : **Quel sont les plats du jour ?**
Jimmy : Risotto ou gratin au fromage.
John : Je voudrais un gratin au fromage, s'il vous plaît.
Jimmy : Bien, monsieur. Voulez-vous autre chose ?
Carla : Oui, je prendrais une banane flambée pour le dessert, s'il vous plaît.
Jimmy : Et vous, messieurs, prendrez-vous un dessert ?
John : Non, merci.
Augustin : Non, je ne prendrais pas de dessert.
Martin : Moi non plus.

Jimmy s'éloigne. Quinze minutes plus tard, il revient avec les **plats commandés.**
Jimmy : Bon appétit ! Si vous voulez commander d'autres plats, n'hésitez pas à m'appeler.

Les quatre jeunes gens remercient le serveur et commencent à manger. Au cours du dîner, **Augustin prend la parole.**

Augustin : **Levons nos verres à l'amitié !**

Plus tard, Jimmy apporte le dessert de Carla. Puis les quatre amis discutent de leurs prochaines vacances pendant une heure. John demande l'**addition**. Il règle l'addition. Puis il quitte le restaurant avec ses amis. John laisse un **pourboire** généreux au serveur.

Augustin : **Alors, où allons-nous maintenant ?**
Carla : **Je suis à bout de forces**. Je vais rentrer chez moi. Bonne soirée les garçons !
John : Merci ! Bonne nuit Carla !
Martin : Moi aussi, je vais rentrer chez moi. Je travaille demain. Au revoir !
John et Augustin : Bonne nuit Martin !
Augustin : **Maintenant, il ne reste plus que nous deux**, John. Quel est le programme ce soir ?
John : J'ai le DVD d'un film sorti récemment. Nous pouvons rentrer chez moi et regarder le film ensemble.